KB175129

사용설명서

기업의 오너 · CEO를 위한 경호 보안 이야기

사용설명서

초판인쇄 2019년 9월 16일
초판발행 2019년 9월 16일

지은이 정연욱
펴낸이 채종준
펴낸곳 한국학술정보㈜
주소 경기도 파주시 회동길 230(문발동)
전화 031) 908-3181(대표)
팩스 031) 908-3189
홈페이지 http://ebook.kstudy.com
전자우편 출판사업부 publish@kstudy.com
등록 제일산-115호(2000. 6. 19)

ISBN 978-89-268-9574-0 03320

사용설명서

기업의 오너 · CEO를 위한 경호 보안 이야기

정연욱 지음

프롤로그

아날로그와 디지털의 경계를 오롯이 관통하는 청춘기를 보냈다. 아날로그 감성이 고스란히 베어 있으면서 디지털 시대의 이기利器를 마음껏 누리며 왕성하게 활동할 장년기를 막 시작했다. 디지털은 우리 삶의 속도를 예전과 비교할 수 없을 정도로 빠르게 바꿔 놓았다.

근래 몇 년 사이에 기업 오너의 개인적 행동이 사회적 이슈로 떠오른 일이 많았다. 그러한 사회 현상들을 보면서, 기업들은 디지털 시대가 전에 없던 변화를 불러올 것은 알고 있었지만, 시장에서의 경쟁력과 무관한 영역에서는 그것이 가져올 영향력을 제대로 인지하지 못하고 있었던 게 아닌가 생각했다. 글로벌 시장에서 치열하게 경쟁하며 빠르게 변화할 수 있는 조직을 일구어 놓았지만, 사적인 영역에서는 변화에 상응하는 인식을 체득하는 데 소홀했던 것이 아닌가 생각한다. 그 때문에 정작 그동안의 노력은 제대로 평가받지 못하고 부정적인 면만 드러나고 또 부각되는 안타까운 상황이다.

디지털 시대의 편리함은 그 이면에 무서운 힘을 가지고 있다. 자칫 안일한 대응은 위기를 불러온다. 디지털 세상의 온라인 칼날은 점점 예리해지고, 소위 많이 가지고 많이 알려진 사람일수록 피부는 점점 얇아진 것이 이러한 디지털 위기의 단적인 예이다.

그게 잘못되었다고 말하려는 게 아니다. 시대에 맞는 변화는 좋은 것이다. 세상이 변하는 건 당연한 일인데, 시류를 파악하지 못하고 뒤쳐지거나 시의적절하게 변화하거나 대처하지 못해 곤경을 겪게 되는 것은 위기 관리의 부재, 즉 기업의 리스크 매니지먼트가 제대로 작동하지 않았기 때문이다.

기업의 평판, 브랜드 이미지를 갉아먹는 무형의 손실을 막는 것도 기업의 리스크 매니지먼트에서 다루는 중요한 부분이다. 그리고 VIP 프로텍션^{VIP Protection}으로 대변되는 인적 보안과 그 외의 보안 기능들을 통칭하는 '기업 보안^{Corporate Security}'도 리스크 매니지먼트의 기능이다. 국내 기업들의 기업 보안은 글로벌 선진 기업들의 그것에 비해 뒤쳐진 부분이 많다. 그런 문제에 대한 인식의 전환과 실질적인 변화가 필요한 시점이다. 이 책에서는 그러한 리스크 매니지먼트 측면의 기업 보안^{Corporate Security}에 대해 얘기해 보고자 한다.

현재 기업의 VIP를 보호하는 기능^{Executive Protection}도 국내 기업의 특수성을 잘 반영하고 있는지, 변화하는 환경에 부합하는지 새로운 시각에서 비추어 볼 필요가 있다. 국내의 경우 대기업뿐만 아니라 메이저 언론사, 중견·중소기업, 개인 자산가들도 경호팀이나 안전 담당 인력을 두고 있는 경우가 많다. 표면적으로는 부인하기도 하지만 대기업 경호팀의 존재는 언론을 통해 직간접적으로 많이 알려져 있는 사실이다.

경호 활동은 때때로 과잉 경호 논란을 불러오기도 한다. 이는 기업의 경호팀뿐만 아니라 경호 업무를 담당하는 모든 조직에서 일어날 수 있는 문제로, 경호대상자의 안전을 최우선에 둘 수밖에 없는 경호 담당자의 인식과 외부에서 바라보는 시선에 차이가 있기 때문이다. 이런 차이는 경호 업무의 사전 예방적 특성 때문에 나타난다. 경호 요원은 언제 일어날지 모르는 만약의 상황을 염두에 두고 움직일 수밖에 없다. 특히나 경호대상자의 안전에 영향을 줄 수 있는 요소에 대한 사전 정보를 입수하였을 때는 더욱 주의를 기울이게 된다. 이러한 경호 업무의 특성과 환경적 요인을 잘 알지 못한 상태에서 바라보면 경호 활동이 때로는 필요 이상으로 과하게 보일 수도 있다.

과잉 경호로 비치는 일이 행여나 기업의 부정적 이미지로 연결되진 않을까 하는 막연한 우려가 경호 조직의 존재를 구태여 먼저 밝히지 않는 이유일 것이다. 그러나 이미 많이 알려져 있는 현실에서 존재 자체를 부정하는 것만이 능사는 아니다.

폐쇄성은 경호 조직의 특성 중 하나이다. 경호 조직은 구성, 운용 형태, 기법 등의 비공개를 기본으로 한다. 이러한 정보의 노출을 최소화하는 것이 경호 임무의 완성도를 높이는 데 유리하기 때문이다. 뿐만 아니라 정보 수집과 보안 유지의 연속선상에서 움직이는 경호 조직은 본질적으로 폐쇄적인 특성을 지닐 수밖에 없다. 이러한 경호 조직의 폐쇄성도 경호 임무의 완전무결함을 위한 목적에 한정된 것이지, 조직 자체를 드러내지 않는 것에 의의가 있는 것은 아니다.

기업에서 총수나 경영진의 안전을 위해 경호팀을 운영하거나 안전 담당자를 두는 것이 그 자체로 곱지 않은 시선을 받을 일은 아니다. 어떤 경호 조직이든 조직의 존재가 문제가 될 일은 아니다. 다만, 본연의 순기능을 다하지 못하거나 역할이 변질될 때 존재의 당위성이 의문시되고 비난을 받을 수 있다. 존재의 당위성을 입증하는 문제는 결국에 그 직에 종사하는 사람들의 몫이다.

현대사회의 위험 요소는 점점 복잡해지고 다양해지는 양상을 띤다. 기업 보안도 전통적인 영역 구분을 벗어나 경계를 허물고 융합하는 방식으로 안정성을 높여 나가야 한다. 국내 기업의 환경과 실정에 맞는 조직적 체계를 만들어나가는 시도는 현 시점에서 꼭 필요한 일이다. 관습적 틀에 얽매여 시대적 흐름을 읽지 못하고 도태되지 않도록 현 시대에 필요한 발전을 시도하는 것은 기업 보안이 보다 진화하는 시발점이 되리라 믿는다.

Contents

1
chapter

기업 경호는
왜 필요한가?

01 실리콘밸리 기업들의 경영진 보호 프로그램

트레이드마크와 같은 회색 티셔츠를 입고 아이폰을 손에 든 마크 저커버그Mark Zuckerberg는 베를린 시내를 조깅하면서 하루를 시작했다. 시가지를 지나 브란덴부르크 문Brandenburg Gate을 거쳐 숙소인 호텔에 이르러서야 그는 조깅을 끝냈다. 저커버그가 조깅을 하는 내내 그의 곁에는 여섯 명의 경호원이 함께하고 있었다. 페이스북의 경영진 보호 프로그램Executive protection program은 전 세계 어디든 저커버그와 함께 움직인다.

세계 최대의 소셜 네트워크 서비스인 페이스북은 CEO(최고경영자)인 저커버그를 경호하는 데 2017년 한 해에만 730만 달러(약 82억 원)를 지출했다. 이는 신변 경호와 자택 경비Home security를 위한 것으로 개인 전용기 운용에 지원한 비용까지 더하면 885만 달러(약 99억 원)를 넘어선다. 그 이전 3년간2015~2017 지출한 전체 경호 비용은 1640만 달러(약 185억 원)에 달한다.[1]

---

1). ARob Price, "Facebook spent more than $7 million protecting Mark Zuckerberg in 2017 as he trekked all over the United States", <Business Insider>, 2018.04.13.
https://www.businessinsider.com.au/facebook-ceo-mark-zuckerberg-security-costs-2017-7-million-2018-4

20명 규모의 경호팀은 미국 내에서는 물론이고 해외에서도 지근거리에서 동행하며 저커버그의 신변을 보호한다. 페이스북은 COO(최고운영책임자)인 셰릴 샌드버그[Sheryl Sandberg]를 경호하기 위해서도 한 해 270만 달러(약 30억 원)를 지출한다.

저커버그의 수준에 미치지는 못하지만 아마존은 CEO인 제프 베조스[Jeffrey Bezos]의 경호 비용으로 한 해 160만 달러(약 18억 원)를 지출하였다. 오라클 회장인 래리 앨리슨[Larry Ellison]은 153만 달러(약 17억 원), 세일즈포스닷컴[Salesforce.com]의 CEO인 마크 베니오프[Marc Benioff]는 145만 달러(약 16억 원)를 경호 비용으로 지출하였다.[2]

2007년 9월 어느 날 밤, 어두운 옷을 입은 한 남자가 네브래스카주 오마하[Omaha]에 있는 워런 버핏[Warren Buffett]의 자택 주변을 두리번거리다가 조심스럽게 초인종을 눌렀다. 집에는 버핏과 그의 부인인 아스트리드[Astrid]가 있었다. 무언가 수상함을 느낀 아스트리드는 경비원을 불렀다. 동태를 살피던 남자는 현관 앞에서 경비원과 마주쳤다. 남자는 총을 꺼내 들려다가 경비원과 엉켰고 몸싸움이 벌어졌다. 남자는 둔기로 경비원의 머리를 내리치고 그대로 달아났다. 결국 용의자를 붙잡는 데는 실패했다.

경찰관 출신이 경호전문가 댄 클라크[Dan Clark]는 워런 버핏의 경호책임자이다. 1994년 위스콘신주에서 은행강도 행각을 벌이던 제임스 오스왈드[James Oswald]가 경찰에 붙잡혔다. 경찰 조사 중에 오스왈드는 버핏을 납치할 계획을 세우고 있었던 것이 드러났다. 이 사건이 뉴스에 크게 보도된 이후 클라크는 버핏의 개인경호원으로 채용되었고 20년 넘

---

2) Ari Levy, "Tech companies spend millions to secure and transport their top execs", <CNBC>, 2018.08.26.
https://www.cnbc.com/2018/08/26/tech-companies-spend-millions-to-secure-and-transport-their-top-execs.html

게 그를 곁에서 지켰다.[3]

상대적으로 적은 편이지만 구글의 CEO인 선다 피차이^{Sundar Pichai}는 68만 달러(약 7억 6000만 원), 스냅^{Snap Inc}의 CEO인 에반 스피겔^{Evan Spiegel}은 89만 달러(약 10억)를 한 해 경호 비용으로 지출하였다.[4] 야후의 전 CEO인 마리사 메이어^{Marissa Mayer}의 경호 비용은 2014년 2만 7천 달러에 불과하였지만, 메이어의 안전을 위협하는 문제가 발생하자 이듬해에는 54만 달러(약 6억)로 크게 늘어나기도 하였다.[5] 애플의 CEO인 팀 쿡^{Tim Cook}의 경호 비용은 2016년 22만4천 달러에 불과한 것으로 알려졌지만 사실 애플은 CEO의 경호를 위해 매년 70만 달러(약 7억 8000만 원) 이상을 지출하고 있다.[6]

이처럼 미국의 대형 기업들은 창업자나 경영진의 안전을 위하여 막대한 비용을 지출하고 있다. 이는 그들의 안전을 위협할 수 있는 잠재적인 위험 요소를 미리 제거하고 대비하기 위한 조치이다. 이러한 조치는 실제로 살해 협박이나 주택 침입, 납치 시도와 같은 일들을 겪으면서 경호나 경비를 강화한 것이기도 하지만, 기본적으로 창업자나

---

3) Gideon Lichfield, "Most of Warren Buffett's paycheck goes toward his personal security", <Quartz>, 2017.03.20.
https://www.cnbc.com/2018/08/26/tech-companies-spend-millions-to-secure-and-transport-their-top-execs.html

4) Kieren McCarthy, "Why does it 20 times as much to protect Mark Zuckerberg as Tim Cook?", <The Register>, 2017.02.06.
https://www.theregister.co.uk/2017/02/06/why_does_it_cost_20_times_as_much_to_protect_mark_zuckerberg_as_tim_cook/

5) Sarah Begley, "Yahoo CEO Marissa Mayer Faced 'Specific Security Threats' in 2015", <TIME>, 2016.05.23.
https://time.com/4345845/marissa-mayer-yahoo-security-threats/

6) Ben Lovejoy, "Apple spends $700K/year on keeping CEO Tim Cook safe – SEC filing", <9TO5Mac>, 2015.08.07.
https://9to5mac.com/2015/08/07/tim-cook-security-costs-700k/

CEO의 안전은 회사의 가치와 직결된다는 인식이 확실하게 자리 잡고 있기 때문에 가능한 것이다.

페이스북 측은 경호 비용에 대해 "페이스북의 창업자에서 의장, CEO로 상승한 저커버그의 지위와 그의 안전에 구체적인 위협이 커지는 상황에 따라 전반적인 경호 프로그램Overall security program을 강화한 것"이며, "이는 적절하고 필요한 조치로 생각한다."고 밝혔다.7) 애플 또한 "CEO인 팀 쿡의 신변 안전과 보안은 회사와 주주들에게 가장 중요한 사항"이라며 경호의 필요성을 강조했다.8)

마크 저커버그는 한때 '세계 최연소 억만장자'라는 타이틀이 무색할 정도로 소탈한 이미지를 가지고 있다. 워런 버핏이나 팀 쿡도 검소하고 소박한 삶으로 잘 알려져 있다. 그러나 이들도 본인들의 안전을 보장하는 문제는, 평소 그들이 지향하는 삶의 방식과 무관하게 회사의 가치와 회사를 구성하는 공동체를 위해서 중요하게 다뤄야만 하는 문제라는 데 동의한다. 회사 차원에서도 창업자나 경영진의 안전과 관련된 일련의 지출은 합리적이고 적절하며, 회사의 이익을 위해서도 반드시 필요한 비용임을 밝히고 있다. 언론 또한 회사의 규모와 매출, 사회적 위상과 가치를 고려한다면 결코 낭비가 아니라는 평가가 지배적이다.

실리콘밸리가 배출한 IT기업인 스냅은 북미와 유럽의 10~20대들에

---

7) Chloe Aiello, "Facebook spent close to $9 million last year on security and private jets for Zuckerberg", <CNBC>, 2018.04.16.
https://www.cnbc.com/2018/04/13/facebook-proxy-says-it-spent-almost-9-million-on-zuckerberg-security.html

8) Apple, "Other Definitive Proxy Statement: DEF 14A", U.S. Securities and Exchange Commission, 2017.12.27.
https://www.sec.gov/Archives/edgar/data/320193/000119312515017607/d774604ddef14a.htm

게 큰 인기를 누리고 있는 메신저 서비스 스냅챗^{Snapchat}을 운영한다. 이 회사는 2017년 기업공개(IPO)로 대박을 터뜨렸다. 스냅은 기업공개를 앞두고 약 200명 정도의 신입사원 채용 공고를 냈다. 그 중 스냅 본사나 경영진의 주택에 배치되어 경영진과 그 가족의 안전을 담당할 보안 요원^{Residential Security Officer}의 지원 자격에 몇 가지 이색적인 요건을 내걸었다.9)

- Permits to carry a firearm
- Ability to provide protective coverage during physically taxing activities(running, jumping, crawling, bending, lifting, etc.)
- 3+ years' experience in the military, law enforcement, or a public/private sector security organization

총기휴대면허가 있고, 달리고 점프하고 포복하는 등 육체적으로 힘든 활동을 동반해 경호할 수 있는 능력, 그리고 군, 법집행 기관, 공공/민간 보안 분야에서 3년 이상이 경력이 있으면 지원이 가능하다. 지원자격에 신체적인 능력을 특히 강조한 것은 이례적인 경우다. 구글이나 페이스북과 같은 여타 IT기업은 해당 직무 분야에 경험 많은 사람을 선호하는 경우가 많다. 관리자급 전문가뿐만 아니라 현장 실무자도 경력자를 선호한다. 스냅이 경력뿐만 아니라 신체 능력을 특히 강조한 것이 눈에 띈다. 급성장한 신생 기업답게 현장 대처 능력이 뛰어난 젊은 사람을 뽑겠다는 것이다. 실리콘밸리 기업들의 시큐리티^{security} 관련 채용 스펙트럼이 다양해지고 있음을 알 수 있다.

---

9) Alexei Oreskovic, "If you have a gun and like to jump, crawl, and run, here's your chance to get in on the $25 billion Snapchat IPO", <Business Insider>, 2016.12.11.
https://www.businessinsider.com/snapchat-hiring-security-guards-with-firearm-permits-2016-12

창조적 혁신 클러스터의 대명사인 실리콘밸리는 창업 생태계가 잘 갖춰진 것으로 유명하다. 그런 환경은 수많은 도전과 좌절 속에서도 성공을 꽃피우는 신생 기업들이 계속 나타날 수 있는 원동력이다. 그러한 기업들의 성장과 함께 실리콘밸리의 시큐리티 관련 수요도 끊임없이 증가하고 있다.

우리나라의 경우 기업 총수나 CEO의 안전을 위한 제반 활동을 바라보는 사회적 인식에 있어 아직 갈 길이 멀다. 현업에 있는 실무자들도 구시대적인 사고 방식을 답습하고 있는 경우가 많다. 이제는 시대가 요구하는 전문성과 역량을 키워 나가야 한다. 다양한 아이디어를 시도해보고 다시 피봇^{Pivot}해 나가면서 도전을 멈추지 않는 실리콘밸리의 문화처럼, 창의적이고 융합적인 사고로 국내의 기업 환경과 실정에 맞는 시큐리티 문화를 만들어 나가야 할 시점이다.

02 경호의 본질은 인간의 원초적인 본능적 욕구

과거 인간의 조상들은 하루하루 포식자들의 틈바구니에서 생존해야만 했다. 수렵·채집 생활에서 포식자를 먼저 발견하고 빨리 도망치는 능력은 생존을 위해 아주 중요한 요소였다. 그러다 불을 사용하게 되면서 인간은 비로소 먹이 사슬의 정점에 오를 수 있었다. 불의 발견은 초기 인류가 엄청난 발전을 이룰 수 있었던 발판이 되었다. 더 이상 포식자로부터 도망칠 일이 없어졌고 생존을 위해 진화하며 발달한 감각 기관과 근육들은 없어지거나 퇴화했다. 그러나 공포감에서 발현하는, 위험이나 위협을 피하고 싶은 생존 욕구는 여전히 인간의 본능을 지배하고 있다.

매슬로우Abraham H Maslow의 욕구단계론Needs Hierarchy Theory에 따르면 생리적 욕구가 인간의 가장 기초적인 단계의 욕구이고 안전 욕구는 그 다음 단계의 욕구이다. 매슬로우는 하위 단계의 욕구가 충족된 다음에 상위 단계의 욕구가 발현한다고 보았다. 또 다른 심리학자인 클레이턴 알더퍼Clayton P. Alderfer는 생리적 욕구나 안전 욕구와 같은 저차원적 욕구를 존재 욕구Existence Needs로 정의하였다. 알더퍼는 ERG이론Existence, Relatedness and Growth Theory을 새롭게 주장하면서 인간의 욕구는 단계적, 계층적 개념이 아니라고 보았다. 진화론적 관점에서 보면 단계적 욕구 이론의 오류를 지적하면서 발전한 알더퍼의 주장이 더욱 설득력을 얻는다. 인간의 욕구는 단계적 개념이 아니며 동시에 두 가지 이상의 욕구가 발생할 수 있다는 ERG이론은 기존 이론의 한계를 극복한 동기부여 이론으로 평가받는다. 물론 매슬로우의 욕구단계론 또한 동기이론의 기초를 제시했다는 점에서 여전히 높은 평가를 받고 있다.

이처럼 인간 욕구의 체계적 인식을 최초로 주창한 매슬로우의 욕구단계론이나 이를 발전시킨 알더퍼의 ERG이론 모두에서, 안전하고자 하는 인간의 욕구는 원초적 단계의 본능적 욕구로 해석된다.

안전 욕구의 발현이 실질적 의미의 경호

안전 욕구를 충족하려는 자경주의自警主義적 의식의 표출은 자신을 보호하기 위한 수단을 강구하는 것에서 시작한다. 가장 기본적인 단계는 자신의 신체를 단련하는 것이다. 자신을 지키기 위해 무도武道나 투기鬪技 종목을 배우고 익히는 것이다. 호신술護身術을 배우는 것도 마찬가지이다. 자신의 신체를 단련하기 위한 모든 활동들이 여기에 포함된다.

　다음은 무기를 소지하는 단계이다. 무기는 자기보다 신체적 능력이 뛰어난 상대와 대적하거나, 보다 강력한 공격력으로 상대를 압도하기 위한 수단이다. 호신용품을 지니고 다니는 것이 여기에 해당된다. 이 단계들을 반드시 순차적으로 갖추거나 모두 갖추어야 하는 것은 아니다. 다만, 순차적으로 두 가지를 다 갖췄을 때 그 효력이 배가된다. 여기까지는 스스로 의지만 있으면 큰 비용을 들이지 않고도 할 수 있다.

　다음 단계는 앞서 말한 단계를 이미 갖춘 사람을 고용하는 방식으로 자신을 보호하는 것이다. 이전 단계와는 다른 수준의 비용이 들고 전문성도 더해지는데, 이것이 현대적 의미의 경호警護이다. 근대 국가가 형성되기 전에는 지배 세력이 자신을 보호하고 재산을 지키기 위한 수단으로 사병을 보유하는 형태로 이루어졌다. 이는 현대적 의미의 경호 개념과 크게 다르지 않다.

　현대 사회에서 누구나 일반적으로 누릴 수 있는 치안 서비스의 범위를 넘어, 보다 개인적이고 전문적인 서비스를 제공받는 것은 전적으로 선택의 문제이다. 경제적 능력에 따른 치안 서비스의 불평등이 사회적 불신을 초래하고 위화감을 조성할 수 있다는 우려가 있을지 모른다. 그러나 타인의 자유와 권리를 침해하지 않는 한, 자본주의 사회에서 자신의 경제력으로 본인과 가족을 보호하는 것은 개인의 권리이다.

　안전하게 살아갈 권리는 돈이 있든 없든, 권력을 가졌든 못 가졌든 동등하게 보장받는 것이 가장 이상적이다. 이미 알려져 있듯이 우리나라의 치안 서비스는 세계적으로도 높은 수준으로 평가받는다. 그러나 국가 공권력이 사회 구성원 개개인의 안전과 재산을 완전히 보호하는 데는 한계가 있다. 치안 행정력은 무한하지 않고 치안 공백은 어쩔 수 없이 발생한다. 그렇다고 무분별하게 세수를 늘려 그 분야에만 예산을 과도하게 집행하는 것은 해결 방법이 아니다. 치안 공백은 공권력을 보조할 수 있는 여러 가지 제도와 사회 발생적인 서비스가 보완해 나갈 수 있다. 경호는 그런 사회 발생적인 업業이며, 비용을 지불하는 특정 개인이나 집단이 이용할 수 있는 전문 서비스이다.

경호는 누군가를 보호하는 행위의 연속적인 활동이다. 누군가를 보호하려는 이유는 그 사람이 어떤 의미에서건 그럴 만한 가치가 있기 때문일 것이다. 그러한 가치 판단은 당사자 혹은 그 당사자와 관계된 어떤 개인이나 집단이 주관적으로 할 수 있다. 그런 판단과 결정을 제삼자가 자의적으로 해석하고 판단할 필요는 없다. 이는 전적으로 사적 영역의 가치 판단이기 때문이다.

워런 버핏은 몇 년 전 새로운 캐딜락XTS을 구입했다. 그는 그 전에도 다른 캐딜락DTS을 8년 동안 탔다. 사실 가진 재산에 비하면 초라할 정도로 대중적인 차들이다. 그런 그는 한 인터뷰에서
"시간을 아껴주는 전용기Private Jet는 내가 돈을 많이 쓰는 유일한 물건이다."라고 말했다.10)
버핏의 가치 판단 기준은 시간 절약에 방점이 찍혀 있다. 그에게 고급차는 불필요한 것이지만 전용기는 필요한 물건이다. 버핏의 가치

---

10) Alex Crippen, "Warren Buffett Buys This With His Billions ... And It Makes Him Happy", <CNBC>, 2012.11.12.
https://www.cnbc.com/id/49787452

판단 기준에 따른 선택에 누가 뭐라고 할 수 있나.

마크 저커버그는 캘리포니아주 팔로 알토Palo Alto의 고급 주택가에 700만 달러(약 75억 원)짜리 저택을 구입했다. 그리고 사생활 보호를 위해 3000만 달러(약 340억 원)를 들여 이웃한 주택 4채를 매입했다.[11] 에릭 슈밋Eric Schmidt 전 구글 회장은 뉴욕 맨해튼에 전용 엘리베이터를 갖춘 펜트하우스를 1500만 달러(약 170억 원)에 구입하고 수백만 달러를 들여 특별한 방음 시설을 설치하기도 했다.[12] 물리적인 사적 영역을 확보하면서나마 프라이버시를 보호받고자 하는 데 가치를 두었기 때문에 가능한 일이었을 것이다. 본인들의 주 무대인 인터넷과 소셜 네트워크 서비스(SNS)의 발달로 개인의 공적 영역과 사적 영역의 경계가 무너지는 시대를 생각하면 묘한 상황이지만, 그것과는 별개로 개인의 선택이기에 무어라 할 말은 없다.

인간의 기본적인 욕구 실현이 프라이버시를 위해 수백억 원을 쓸 수 있는 유명인들만의 전유물은 아니다. 귀가하는 자녀를 걱정하는 마음에 직접 마중을 나가고, 자녀의 방이 따뜻한지, 창문은 잘 닫혀 있는지, 안전에 문제가 될 만한 것은 없는지 살피는 것도 안전 욕구의 실현이다. 이 역시 자녀의 안전과 평안함이 부모에게는 무엇과도 바꿀 수 없는 가치이기 때문에 행히는, 즉 지키고 보호하는 넓은 의미의 경호라고 할 수 있다. 이처럼 인간 본능의 기저에 있는 안전 욕구의 발현이 실질적 의미의 경호이다.

---

11) Alyson Shontell, "Mark Zuckerberg Just Spent More Than $30 Million Buying 4 Neighboring Houses For Privacy", <Business Insider>, 2013.10.11.
https://www.businessinsider.com/mark-zuckerberg-buys-4-homes-for-privacy-2013-10

12) Jay Yarow, "Google's Eric Schmidt Spent $15 Million On A NYC Penthouse, And Then Made It Soundproof", <Business Insider>, 2013.07.25.
https://www.businessinsider.com/eric-schmidt-spent-15-million-on-a-new-york-penthouse-2013-7

03 경영 연속성은 기업 생존의 필수 요소

국내 기업의 오너 경영 체제는 기업의 총수와 관련된 사회적 문제가 불거질 때마다 논란이 되곤 한다. 이러한 논란의 중심에는 대기업 오너의 부재가 기업 경영에 미치는 영향에 관한 쟁점이 있다.

오너의 경영 판단은 기업의 생존을 좌우할 정도로 중요한 요소이므로, 오너 리더십이 상실되면 신속한 의사 결정과 과감한 투자가 이루어지지 않아 해당 기업은 물론이고 국가 경제에도 악영향을 미치게 된다는 것이 재계의 주된 주장이다.

반론도 만만치 않다. 그동안 재벌 총수가 재판을 받거나 구속된 몇몇 사례를 들어 총수의 부재가 기업의 여러 가지 지표에 크게 영향을 미치지 않는다는 주장이다. 경영 공백이 생기는 시점을 전후하여 상장사의 주가나 국내외 투자, 계열사의 수익성, 고용 등의 지표를 비교해 봤을 때 이들은 오너의 부재와 별다른 상관 관계가 없고 되려 업황에 더 큰 영향을 받는다는 것이다.

어느 쪽이 더 타당하고 합리적인지 쉽게 판단할 수는 없지만, 우리는 한 사람이 기업을 어떻게 변화시키는지 동시대의 인물을 통해 볼 수 있었다. 적자 기업으로 전락해 버린 애플의 CEO로 복귀한 스티브 잡스^{Steve Jobs}는 13년 만에 애플의 시가총액을 115배나 늘리며 전 세계 2위 기업으로 변모시켰다.

20세기 최고의 경영자로 평가받는 잭 웰치^{Jack Welch}는 강력한 리더십을 바탕으로 한 공격적이면서도 합리적인 경영 시스템을 도입하여 보수적이고 관료적인 문화가 팽배했던 제너럴 일렉트릭(GE)를 세계 최고 기업으로 성장시켰다. 애플과 제너럴 일렉트릭이 스티브 잡스나 잭 웰치 없이도 이러한 성과를 일궈낼 수 있었을 것이라고는 쉽게 상상하기 힘들다.

비단 해외의 사례뿐만 아니다. 우리나라에서도 탁월한 리더십과 기업가 정신으로 불모지나 다름없는 환경에서 오늘날 글로벌 기업을 성장시킨 사례들을 익히 들어왔다. 창업주와 같은 1세대 기업인까지 거슬러 올라가지 않더라도 통찰력 있는 상황 판단과 과감한 결단으로 기업을 성장시키고 위기를 극복한 사례는 근래에도 쉽게 찾아볼 수 있다.

장기적인 비전을 가지고 일관된 방향으로 기업을 이끌고 나가는 일이나 대규모 시설투자, 인수 합병(M&A)과 같은 큰 결정은 오너의 결단과 의지가 반드시 필요하다. 오너의 공백이 그러한 장기적 계획이나 전략적 의사 결정에 차질을 빚고 글로벌 경쟁력을 확보하는 데도 적지 않은 영향을 미친다는 건 분명하다.

기업의 소유권을 바탕으로 회사를 경영하는 소유 경영, 소위 오너 경영 대 전문 경영의 프레임을 말하고자 하는 것이 아니다. 전 세계 휴대폰 시장을 장악하고 있던 노키아가 몰락하는 데는 불과 10년이 채 걸리지 않았다. 10년이면 기업의 순위 판도가 완전히 뒤바뀔 정도로 급변하는 세계 경제 속에서, 의사 결정보다 업황이 기업의 성과에 더 영향을 미친다고 하는 것은 어불성설이다. 이는 마치 어떤 엄마가 몇 년 동안 방과 후 집에서 아이의 공부를 가르치다가 사정이 생겨한 날 성노 못 가르쳤는데, 그쯤 지른 시험 성석이 전보다 오르자 "십에서 공부를 가르치는 것과 성적은 아무 상관없다."고 하는 것과 다를 바 없는 격이다. 아이 교육을 위한 엄마의 노력과 우수한 성적 사이의 인과 관계를 외면하고 시험의 난이도나 아이의 컨디션 그리고 속된말로 운빨이 우수한 성적의 원인이라는 것이다. 업황과 기업의 성과가 높은 상관 계수를 보인다고 해서 그것이 유일한 인과 관계는 아니다.

물론, 오너와 관련된 문제가 불거지고 사회적 이슈가 될 때마다 그룹 전체가 휘청거릴 수 있다는 논리는 지나친 비약이라는 지적이 있을 수 있다. 일부 오너 일가의 그릇된 인식에서 비롯된 여러 오너 리스크 사례 때문에 우리 사회에 비판적인 시각이 많은 것도 사실이다. 그러나 확고한 주인 의식과 책임감을 바탕으로 경영 전략을 세우며, 필요할 때 과감하게 투자하고 빠르게 변화할 수 있는 오너 체제의 장점도 긍정적으로 바라볼 필요가 있다. 오너 경영 체제를 기반으로 오늘날 명실상부한 글로벌 기업으로 자리매김한 우리나라 기업들을 스스로 평가 절하할 필요는 없을 것이다.

어찌 되었든, 기업에서 오너나 CEO가 비전과 전략을 가지고 안정적으로 경영 활동을 유지해 나가는 것은 매우 중요한 일이다. 오너나 CEO의 갑작스러운 부재가 해당 기업에 악재가 되는 것은 분명하다. 게다가 그것이 뜻하지 않은, 예상치 못한 일이라면 문제는 더욱 심각하다. 이는 단순히 한 개인의 문제로 끝나지 않고 기업이 위기에 빠지는 시발점이 될 수도 있기 때문이다.

이는 미국의 대형 기업들이 CEO의 안전에 많은 비용을 지출하는 이유이기도 한다. 저커버그의 경우 실제 테러 위협 때문에 경호를 더욱 강화하기도 하였지만, 그 이전부터 지속적으로 경영진 보호 프로그램Executive Protection Program의 보호를 받고 있었다.

미국을 비롯한 해외의 여타 기업도 창업자나 CEO의 신변 보호에 드는 구체적인 비용 내역을 일관된 형식으로 매번 외부에 공개하진 않는다. 페이스북도 미국 증권거래위원회(SEC)가 저커버그에게 제공된 비용을 구체적으로 공개하지 않은 것에 대한 답변을 요청하자 결국 공개하게 된 것이다. 사실, 공개된 몇몇 사례보다 훨씬 더 많은 기업이 창업자나 CEO의 안전을 중요한 가치로 여긴다. 비공개적으로 경호·경비 시스템을 유지하고 있으며 거기에 소요되는 비용은 세세하게 드러내지 않는 경우가 대부분이다.

　기업의 리스크 매니지먼트Risk Management 관점에서 경호는 기업의 자산 중 인적 자산을 보호하는 업무이다. 오너나 CEO는 기업에서 가장 중요한 인적 자산이고 보호 대상이다. 회사의 중심에 서 있던 오너나 CEO가 불의의 사고나 건강 문제로 갑작스럽게 업무에서 손을 뗄 경우 회사는 여러 가지 위기에 직면한다. 특히 우리나라는 오너 CEO 체제를 유지하고 있는 기업이 대다수인데, 구심점 역할을 하는 상징적 인물의 갑작스러운 부재는 그룹사 전체에 부정적 영향을 미친다. 실제로 오너나 CEO가 불의의 사고로 유명을 달리하거나 물리적 위협을 당하는 사례는 심심치 않게 발생한다. 해외 기업뿐만 아니라 국내 기업에서도 알려져 있지 않은 여러 사례가 있다. 이처럼 갑작스러운 '부재 리스크'를 예방하여 경영의 연속성과 안정성을 유지하기 위한 업무의 한 축에 경호의 역할이 자리하고 있다.

　글로벌 기업에서는 CEO의 부재에 대비하는 문제를 더욱 중요하게 다룬다. 체계적인 승계 프로그램을 마련해 놓고 장기적으로 대비하기도 한다. 일본의 대표적 기업인 소프트뱅크SoftBank나 세계적인 의류 브랜드 유니클로Uniqlo를 운영하는 패스트 리테일링Fast Retailing, 미국의 버크셔 해서웨이Berkshire Hathaway 등 창업자의 리더십으로 눈부시게 성장한 여러 기업이 회사의 지속적인 성장과 영속성을 유지하기 위한 후계 구도에 많은 공을 들이고 있다.

　2009년 말, 미국 증권거래위원회(SEC)는 급작스러운 경영권 공백 사태에 따른 위기로 주주들이 불의의 피해를 보는 것을 우려해 방지책을 마련했다. 기업의 이사회가 CEO 승계 계획을 마련해 놓는 것을 의무화한 것이다. 당시 미국 기업이사협회(NACD)의 조사에 따르면, 미국 상장 기업의 43%는 공식적인 CEO 승계 계획을 갖고 있지 않았고, 61%는 비상시 CEO 대체 계획이 없었다.[13] 미국의 경우에는 업무연속성계획(BCP)Business Continuity Planning, 전사적 리스크 매니지먼트(ERM)Enterprise Risk Management 등의 개념이 기업의 필수적인 기능으로 논의된 지 십여 년이 훨씬 넘었다.

이제 우리나라도 경호의 역할이 오너나 CEO의 경영 연속성 유지를 위한 기업의 포괄적인 리스크 매니지먼트의 한 부분임을 인식할 필요가 있다. 각 기업의 특성에 맞는 보호 프로그램을 체계적으로 갖춰야 한다. 기업의 경영 리더십이 예상치 못한 일로 영향 받는 상황을 최소화할 수 있는 전략적 대비가 필요한 것이다.

---

13) Stephen A. Miles, Nathan Bennett, "How The SEC Just Changed Succession Planning: Part I", <Forbes>, 2009.11.17.
https://www.forbes.com/2009/11/17/succession-planning-sec-leadership-ceonetwork-search.html#6ce5e8dd3d8f

2

chapter

기업 보안은
포괄적인 리스크
매니지먼트

01 진화하는 위기 관리의 가치

　전통적인 리스크 관리의 개념은 단순히 위험을 회피하거나 제거하는 방어적 관리의 개념에 가까웠다. 이러한 리스크 관리 방식으로는 현대 경영 환경의 복잡하고 다양한 위기에 효과적으로 대응하는 데 한계가 있었다. 리스크 관리의 지속성이 유지되지 않았고, 그러한 문제는 자연스레 운영 관리의 비효율을 불러왔다. 세계적인 기업들이 리스크 관리에 실패하면서 막대한 유무형의 손실을 기록하는 사례가 늘어났다.

　경영 환경의 변화와 함께 리스크 관리의 개념도 진화하였다. 그러면서 리스크를 효율적으로 관리할 수 있는 능력이 기업의 지속가능한 성장의 필수적인 요소로 인식되었고, 새로운 리스크 관리 전략이 자리잡았다. 이제 리스크 관리는 무조건 위험을 회피하거나 제거하는 것이 아니라 전사적 차원에서 통합적으로 대응하며 체계적으로 관리해야 하는 개념으로 인식되고 있다. 효과적인 리스크 관리가 급변하는 경영 환경에서 차별화된 경쟁력을 확보할 수 있는 요소로 그 중요성이 높아진 것이다.

　국내 기업도 과거에는 리스크 관리 활동을 효과에 비해 비용만 발생시키는 분야로 인식했다. 기업의 성장과 가치를 높이는 데 크게 기여하지 않는 것으로만 여겼던 것이다. 특히 압축적인 산업화를 통해 성장한 우리나라는 규모의 경제를 중요시했다. 대규모 설비와 노동력이 기업의 경쟁 우위를 결정하던 시기에 리스크 관리의 필요성은 등한시되었다.

이제 리스크 관리는 기업의 가치를 창출하는 한 축으로 받아들여진다.[14] 성장성 추구와 수익성 향상의 가치 창출 전략과 달리, 손실을 최소화하고 위기를 상쇄하는 방식으로 기업의 가치를 극대화한다. 글로벌 기업들은 기업의 특성에 맞는 잠재적인 리스크를 찾아내고 중점 관리해야 하는 리스크의 유형을 정의하면서 지속적으로 리스크를 관리해 나가고 있다.

리스크 관리가 추구하는 목적은 기업 경영에 잠재한 리스크를 효과적으로 관리함으로써 기업이 추구하는 목적을 달성하는 데 기여하는 것이다. 궁극적으로는 기업 가치의 극대화를 도모하는 것이다. 이제 리스크 관리는 단순히 위험을 제거하기 위한 것만이 아니라 기업 가치의 극대화를 위한 총체적인 활동임을 인식해야 한다.

---

14) 최병현, 『리스크 관리와 기업가치 창출』, LG경제연구원, 2004년 4월.

오늘날 기업은 효율성은 높아졌지만 그 어느 때보다도 위기에 취약한 시대를 살고 있다.15)

기업 위기 관리 분야의 세계적인 석학인 요시 셰피^{Yossi Sheffi} MIT 교수는 불확실성을 더해가는 오늘날 경영 환경을 이렇게 진단했다. 현대 사회의 기업들은 그 어느 때보다도 예측 불가능하고 불확실한 시대를 마주하고 있다. 예상치 못하게 찾아오는 위기는 사업의 존폐에 영향을 미칠 수 있다. 실제로 국내외 기업의 여러 사례를 통해 이를 확인할 수 있다. 많은 기업이 리스크를 분석하고 관리하고자 하지만, 위기 자체를 완벽하게 통제하는 것은 불가능하다. 그러나 상당 부분 예방과 대응은 가능하다. 이처럼 위기를 예방하기 위해 다양한 가능성을 분석하고 미리 감지하려는 것이 리스크 관리의 개념이라면, 손실을 최소화하고 신속히 회복할 수 있는 능력은 리질리언스^{Resilience}라고 할 수 있다.

'리질리언스'는 미국의 심리학자인 에미 워너^{Emmy Werner} 교수가 1950년대 화와이 카우아이섬에서 주도한 사회 과학 연구에서 처음 학술 용어로 등장했다. 이후 리질리언스는 사회학, 경제학, 심리학, 공학 등 다양한 영역의 용어로 확대되었다. 국내에서는 '복원력', '회복력', '회복 탄력성' 등으로 번역한다. 회복탄력성지수(RQ)^{Resilience Quotient}는 펜실베니아대 캐런 레이비치 ^{Karen Reivich} 교수가 리질리언스의 개념을

---

15) 요시 셰피, 손경숙, 유종기 역, 『무엇이 최고의 기업을 만드는가』, 프리이코노미북스, 2016.

지수화한 것이다. 캐나다의 생태학자인 홀링$^{C. S. Holling}$은 1973년 발표한 논문 「생태계의 리질리언스와 평화(Resilience and Stability of Ecological Systems)」에서 생태학 학술 용어로 사용하기도 하였다.[16) 그는 리질리언스를 생태계의 변화나 교란을 흡수하는 수용력으로 정의하였다.

리질리언스는 어떤 충격이 가해졌을 때 원래 상태로 되돌아가려는 성질, 즉 복원력을 의미한다. 기업 경영에서는 외부 충격을 흡수하고 기존 시스템을 복원하여 정상적인 기업 활동으로 빠르게 돌아갈 수 있는 능력을 말한다.

오늘날 기업 생존의 비밀은 리질리언스다.[17)

하버드 비즈니스스쿨의 란제이 굴라티$^{Ranjay Gulati}$ 교수는 2010년 출간한 저서 『회복탄력성을 위한 조직의 재구조화(Reorganize for Resilience)』에서 이같이 말하며, 경영 환경이 좋지 않게 변하더라도 리질리언스를 갖춘 기업은 좋은 성과를 거두면서 지속적으로 성장할 수 있다고 그 중요성을 강조하였다.[18) 예측하지 못한 충격에 직면하더라도 빠르게 회복할 수 있는 능력을 지닌 기업이 지속적으로 성장해 나갈 수 있다는 것이다.

업무연속성계획(BCP)$^{Business Continuity Planning}$은 리질리언스 전략의 일환이다. 업무연속성계획은 갑작스러운 위기 상황에서 피해와 충격을 최

---

16) 「리질리언스 개념의 등장과 확산」, 환경과 조경 339호, 2016년 7월.

17) Ranjay Gulati, 『Reorganize for Resilience』, Harvard Business Review Press, 2010.

18) 삼정KPMG 경제연구소, 『리질리언스: 기업의 미래를 결정하는 유전자』, 올림, 2016.

소화하고 빠르게 핵심 업무를 복구하기 위한 비상 계획이다. 세계 최고의 유통기업인 월마트^{Walmart}는 업무 연속성을 위한 핵심기능으로 고객 서비스, IT 서비스, 재무, 매장 안전, 공급망 관리 등 5개 분야를 설정하고 업무연속성계획을 수립하였다. 이를 기반으로 한 사업영향분석^{Business Impact Analysis}으로 잠재적인 리스크를 분석하고 위기 상황에서도 서비스를 지속할 수 있도록 임직원들의 건강과 안전, 사고 안정화, 운영 연속성, 재산 피해 최소화, 환경 보호 등의 분야를 다루는 대응 프로세스를 개발했다.[19] 전 세계에 걸쳐 있는 월마트 매장들은 위기 상황에 대비한 훈련을 정기적으로 실시하면서 프로세스를 평가한다.

이제는 테러, 지진, 화재, 전염병과 같은 전통적인 의미의 재난뿐만 아니라 중요 인적 자원의 손실, 정보 유출, 사이버 범죄, 기업 평판 손상 등 다양한 요소가 기업의 경영 연속성을 위협하는 시대이다. 충격에 직면하더라도 유연하게 대응하고 빠르게 회복할 수 있는 내재된 탄력성이 반드시 필요한 환경인 것이다. 기업의 회복탄력성, 즉 리질리언스를 강화하는 것이야말로 갈수록 불확실해져 가는 경영 환경에서 경쟁력을 키울 수 있는 전략적인 선택이 될 것이다.

---

19) Mark Cooper, 『Rebuilding for resilience』, PwC, 2013년 9월.

03 모건 스탠리^{Morgan Stanley}는 어떻게 사상 최악의 테러를 극복했나?

모건 스탠리^{Morgan Stanley}는 미국을 대표하는 세계적인 투자은행이다. 모건 스탠리는 전 세계 금융시장을 움직이는 월스트리트의 상징적 건물이었던 세계무역센터(WTC)에 본사를 두고 3,500여 명의 임직원이 근무하고 있었다. 세계무역센터에 입주한 기업 중 규모가 가장 큰 입주사였다.

2001년 9월 11일, 알카에다^{Al-Qaeda} 테러범들이 로스엔젤레스 공항에 착륙할 예정이던 보잉 767여객기 4대를 하이재킹^{Hijacking}했다. 이들은 여객기 2대를 차례로 세계무역센터에 충돌시켜 쌍둥이 빌딩이 완전히 붕괴하는 역사상 최악의 테러를 일으켰다. 이 테러로 2,763명이 사망하거나 실종됐다. 피해액을 추산하기 힘들 정도로 엄청난 경제적 피해도 발생했다. 북쪽 빌딩 101~105층에 입주해 있던 금융사 캔터 피츠제럴드^{Cantor Fitzgerald}는 이 테러로 임직원 960명 중 658명을 한 번에 잃었다.

당시 모건 스탠리는 2,700여 명의 임직원이 세계무역센터 안에서 근무하고 있었다. 당연히 인명 피해가 가장 컸을 것으로 예상되었다. 그러나 놀랍게도 이 테러로 실종된 모건 스탠리 직원은 단 13명이었다. 뿐만 아니라 하루아침에 본사가 사라지고 모든 전산 시스템이 파괴되었지만 다음 날 본사를 제외한 전 세계 지점들이 영업을 재개하는 놀라운 리질리언스^{Resilience} 능력을 보여주었다.

어떻게 이러한 일이 가능했을까? 당시 모건 스탠리의 기업 보안 담당 부사장이었던 릭 레스콜라^{Rick Rescorla}의 집요한 사명감과 철저한 위기 관리 시스템 덕분이었다.

1988년 12월, 테러범들이 플라스틱 폭발물을 이용해 팬 아메리칸 항공의 여객기를 공중에서 폭파하는 사건이 일어났다. 레스콜라는 이 사건을 보고 세계무역센터도 테러범들의 공격 목표가 될 수 있다고 생각했다. 그는 세계무역센터를 관할하던 뉴욕&뉴저지 항만공사^{Port Authority}에 세계무역센터 지하 주차장의 보안 취약성 문제를 제기하며 시스템을 강화해야 한다고 보고했다. 그러나 비용 문제로 그의 제안은 받아들여지지 않았다.

1993년 2월 26일, 람지 요세프^{Ramzi Yousef} 등 테러범 일당이 590kg의 폭탄을 실은 차량을 세계무역센터 지하 2층 주차장에 주차한 뒤 폭파하는 테러가 실제로 일어났다. 건물을 붕괴시키려던 계획은 수포로 돌아갔지만, 이 사고로 7명이 사망하고 1,000명이 넘는 부상자가 발생했다. 이 사건으로 레스콜라는 더욱 신임을 얻었다. 그는 이 사건 이후에도 여전히 세계무역센터가 테러리스트의 표적이 될 수 있다고 보고 본사를 뉴저지로 이전할 것을 주장하기도 했다. 이러한 레스콜라의 의견은 2006년까지 남아 있던 임대 계약 문제로 받아들여지지는 않았지만 전반적인 위기 관리 시스템을 강화하는 계기가 되었다.

당국의 비상대응계획이 만족스럽지 못했던 레스콜라는 자체적인 계획을 세워 나갔다. 잠재적인 위협을 분석하고 재난대응계획 (DRP)^{Disaster Response Plan}을 수립했다. 항공기로 충돌하는 형태의 테러 공격도 위협의 유형 중 하나가 될 수 있을 거라 생각했다. 그리고 고위 임원을 포함한 모든 직원이 참여하는 긴급 대피 훈련을 분기별로 실시해야 한다는 주장을 끝내 관철시켰다. 몇몇 임원은 대피 훈련이 업무를 방해하는 불필요한 일이라 여겼지만 언제 일어날지 모르는 상황에 대비해서 실전과 같은 대피 훈련은 반드시 필요하다는 주장을 굽히지 않았다.

모건 스탠리는 하루에도 수천만 달러의 금융거래가 오가고 수백만 달러의 연봉을 받는 톱 클래스 애널리스트들이 즐비한 곳이었지만, 레스콜라는 대피 훈련에 예외를 두지 않았다. 대피할 때 함께 이동할 팀을 선정하고 각 팀의 리더를 지정했다. 먼저 복도에서 두 명씩 짝지어 비상계단으로 내려가게 했다. 훈련 때마다 스톱워치를 들고 시간을 재며 임직원들의 대피 훈련을 독려했다. 심지어 모건 스탠리를 방문하는 외부인도 기본적인 안전 브리핑을 받도록 했다.

2001년 9월 11일 오전 8시 46분, 테러리스트들이 탈취한 아메리칸 항공 여객기가 세계무역센터의 북쪽 빌딩에 충돌했다. 남쪽 빌딩 44층에 위치한 사무실에 있던 레스콜라는 갑작스러운 폭발 소리에 창가로 달려갔다. 맞은편 빌딩이 폭발의 충격으로 불길에 휩싸이고 있었다. 잠시 후 "일단 모두 자리에 남아 대기하라."는 항만공사의 안내 방송이 들렸다.

사태가 훨씬 신각하다는 것을 직감한 레스콜라는 안내 방송을 무시하고 메가폰과 무전기를 챙겨 계단으로 뛰어올라갔다. 각 층을 돌아다니면서 안전 요원과 팀 리더들에게 지금 당장 대피하라고 명령했다. 모건 스탠리 직원들은 평소 훈련한 대로 비상계단으로 뛰어내려가기 시작했다.

잠시 후 9시 3분, 유나이티드 항공 여객기가 모건 스탠리가 입주해 있던 남쪽 빌딩에 충돌했다. 불길이 치솟았다. 위급한 상황에서도 레스콜라는 비상계단에서 노래를 부르며 직원들이 침착하게 내려갈 수 있도록 격려했다. 대부분의 직원이 탈출한 것을 확인하고 빌딩을 빠져나온 레스콜라는 다시 빌딩 안으로 들어가려 했다. 그러자 동료 중 한 명이 만류하였다.

"남아 있는 사람이 있는지 확인하고 오겠다."

그는 이 말을 남기고 빌딩 안으로 다시 들어갔다.

오전 9시 59분, 레스콜라가 들어간 빌딩이 힘없이 무너져 내렸다. 10층에서 마지막으로 목격된 레스콜라는 이후 유해조차 찾을 수 없었다. 평소 훈련한 대로 대피한 모건 스탠리 직원은 2,687명이 살아남았다. 주식 중개 강좌를 위해 방문했던 250명도 무사히 대피했다. 레스콜라를 포함한 13명의 직원은 결국 실종되었다.

세계무역센터가 붕괴하면서 입주해 있던 수많은 기업의 시설과 장비, 전산 시스템이 완전히 파괴되었다. 대부분의 기업들은 실질적인 업무를 전면 중단했다. 위기 관리 시스템과 재난 복구 체계가 미흡했던 150여 개 기업이 세계무역센터 붕괴 이후 파산했다.

모건 스탠리는 다음 날인 9월 12일 본사를 제외한 전 세계 모든 지점에서 업무를 재개했다. 본사의 전산 시스템이 붕괴되었지만 모든 데이터는 실시간 백업 시스템을 통해 온전히 유지될 수 있었다. 백업 시스템을 운용하는 전산 센터는 다른 지역에 두고 있었다.

모건 스탠리가 역사상 최악의 테러에도 대규모 인명 손실을 피하고 하루 만에 주요 영업을 재개할 수 있었던 것은 사전에 구축해 놓은 위기 관리 시스템 덕분이었다. 위기 관리 시스템에 기반한 재난대응계획과 업무연속성계획(BCP)^{Business Continuity Planning}이 위기에서 저력을 발휘한 것이다.

04 보안과 시큐리티 그리고 기업 보안

기업 보안을 이해하기 위해서는 먼저 용어부터 확인해 볼 필요가 있다. '보안'은 많은 사람들이 사용하는 익숙한 단어이다. 예를 들어, 기밀이 새어 나가지 않도록 조심하라고 할 때 "보안을 유지하라."고 한다. 또 개인 정보와 같은 데이터가 외부로 유출되지 않도록 하는 것을 의미하는 '정보 보안' 그 외에도 '보안 요원', '보안 장치', '보안 매뉴얼' 등 다양한 의미로 쓰인다.

'보안(保安)'이라는 용어의 역사를 거슬러 올라가 보면, 1904년 일본의 황무지 개척권 요구에 반대하는 민중 운동이었던 황무지개척권반대운동에까지 이른다. 일본의 주권 침탈 시도에 반대하던 조선의 관리 출신 인사들이 조직적이고 지속적인 운동이 필요함을 느끼고 1904년 7월 13일, 종로에 모여 조직한 것이 보안회(保安會)이다. 이때 '보안(保安)'이라는 용어가 처음 등장한다. 한자의 훈(訓)을 보면 우리땅을 지키고 보전하겠다는 의지를 담아낸 것이 아니었을까 하는 생각이 든다. 그 후 일제 강점기를 통해 일본경찰 용어인 '보안경찰' 등으로 쓰이다가 해방 이후 미군정 시기에는 '시큐리티(Security)'를 '보안'으로 번역했다.[20] 이후 점차적으로 사용이 늘어 오늘날에는 여러 분야에서 다양하게 쓰는 단어가 되었다.

보안의 사전적 의미는 '안전을 유지함', '사회의 안녕과 질서를 유지함', '비밀 따위가 누설되지 않게 보호함' 등이다. 이창무 교수는

---

20) 민병설, 산업보안체계의 정립에 관한 연구, 경희대학교 박사학위논문, 2002.

"보안은 '안전'을 지키는 것이다. 안전이라는 목적을 이루기 위한 수단으로 불법 행위인 범죄로부터 어떤 가치가 있는 대상을 지키는 것이다. 즉 안전한 상태를 지키는 각종 활동이 보안"이라고 설명한다.[21] 미국의 대표적인 싱크탱크 중 하나인 랜드 연구소RAND Corporation의 보고서에서도 보안을 "모든 보호적Protective 손실 예방Loss prevention 활동을 총칭"하는 것으로 정의한다.[22]

다양한 분야에서 사용하는 '보안'은 다른 단어를 붙여 개념이나 범위를 명확하게 한다. 예를 들면 통신 보안, 공항 보안, 차세대 보안, 사이버 보안, 사물 인터넷 보안 등이다. '기업 보안'도 마찬가지이다. 기업 보안은 '기업의 안전한 상태를 지키는 자산 보호Asset Protection, 손실 예방 활동Loss Prevention'을 총칭한다고 할 수 있다. 다시 말해서 기업의 유무형 자산을 보호하고 손실을 예방하기 위한 리스크 관리 활동을 포괄적으로 일컬어 기업 보안이라고 한다.

보안을 영어로 옮기면 'Security'이다. 기업 보안은 Corporate Security 또는 Enterprise Security이다. 보안은 Security이지만 Security는 우리말로 보안뿐만 아니라 경호, 경비, 안보 등의 의미로도 쓰인다. 경호(Security Service), 민간 경비(Private Security), 산업 보안(Industrial Security), 국가 안보(National Security) 등이다. 이처럼 Security는 우리 사회의 여러 영역에서 넓은 의미로 사용된다. 일반적으로 '기업 보안'이라 할 때 직관적으로 떠올릴 수 있는 보안의 의미나 역할은, 실

---

21) 이창무, "보안이란 무엇인가?", <보안뉴스>, 2015.12.14.
https://www.boannews.com/media/view.asp?idx=48894

22) Kakalik, James S. and Sorrel Wildhorn, *Private Police in the United States*, The Rand Report; Santa Monica, CA: The RAND Corporation, 1971.

제 기업 Security보안 영역의 다양한 역할과 범위를 담아내지 못하는 면이 있다. 기업에서 Security의 역할과 범위를 제대로 이해하기 위해서는 기존의 보안이라는 단어가 주는 선입견을 내려놓고 새로운 시각으로 바라볼 필요가 있다.

보안과 안전의 차이

보안Security과 안전Safety은 다르다. 보안과 안전을 구분하는 차이는 인위성에 달려 있다. 이창무 교수는 "Security가 불법적이고 악의적 위험으로부터 안전을 지키는 것이라면, Safety는 불법적이고 악의적인 것과 관련 없는 위험으로부터 안전을 지키는 것"이라고 한다.[23]

사람이 의도적으로 저지르는 불법적인 행위 즉, 기업의 정보를 빼내거나 자산에 손실을 끼치는 행위로부터 기업의 안전을 지키는 것은 보안의 범주이다. 살인, 강도, 사기, 횡령 등의 범죄도 사람의 행위로 피해가 발생하는 것이기 때문에 이러한 범죄를 방지하는 것도 보안의 범주에 속한다. 그러나 사람의 의도나 힘과 상관없는 지진, 홍수, 화산폭발, 해일과 같은 자연 재해나 사고는 안전의 범주에 속한다고 할 수 있다.

---

23) 이창무, 산업보안의 개념적 정의에 관한 고찰, 한남대학교사회과학대학 경찰행정학과, 2011.

05 경호는 기업 보안의 한 영역이다

책 제목에 '기업 경호'란 말이 들어가 있다. 사실 뭔가 어정쩡한 표현이다. 경호는 모름지기 경호의 대상인 주체가 있고 그 대상은 사람이다. 경호는 경호대상자인 사람의 신체身體를 보호하는 호위 활동이다. 특정한 지역이나 장소를 경계하고 순찰하는 경비 업무도 경호의 범주인데 이도 결국 경호대상자인 사람을 보호하기 위한 것이다.

'기업 경호'라고 하면 기업의 어떤 사람을 경호하겠다는 것인지 아니면 경호의 범위를 기업 단위로 방대하게 확장하는 새로운 개념을 논하겠다는 것인지 애매하다. 기업과 관련한 누군가를 경호하는 것은 '기업인 경호'라고 한다. 경호학 교재에서는 대개 경호의 대상에 따른 분류로 '기업인 경호' 또는 '경제인 경호'라는 용어를 사용한다.

이 책의 메인 무대는 기업이다. 인적 자산은 기업에서 가장 중요한 자산 중 하나이다. 인적 자산을 보호하는 주요 기능인 경호를 화두로 삼아 기업 보안의 개념을 풀어가고자 하는 생각에 제목을 그렇게 썼다. 아무튼, 하찮은 생각을 그럴듯하게 돌려서 좋게 풀 때 우리는 꿈보다 해몽(?)이라고 한다.

세계적인 미래학자이자 『드림 소사이어티(The Dream Society)』의 저자인 롤프 옌센Rolf Jenssen은 "드림 소사이어티의 관점에서 보면 기업의 자산에서 물적 자산이 차지하는 비중은 10%, 인적 자산이 차지하는 비중이 90%이다. 인재의 가치를 제대로 반영하지 않는 현재의 회계시스템은 잘못되었다."는 말로 인적 자산의 가치를 역설하였다.[24] 특허와 같은 지식재산권은 회계상 그나마 무형자산으로 인식되는 데

---

24) 롤프 옌센, 서정환 역, 『드림 소사이어티』, 리드리드출판, 2005.

반해 사람이 가진 지식, 기술, 능력 등 인적 자산의 가치는 전혀 반영되지 않는다. 산업사회가 지식기반사회로 급격하게 전환되는 현실에서 인적 자산은 기업의 경쟁력과 가치를 결정하는 핵심 요소가 될 것임이 분명하다. 개인적으로 잘 알고 있는 성공한 스타트업 대표는 "매일같이 사람을 찾는 일이 본인에게 가장 중요한 일 중에 하나"라는 말로 인적 자산의 중요성을 대변했다.

기업의 총수나 CEO(최고경영자)는 회사에서 가장 중요한 인적 자산이다. 당연히 주요 보호 대상이다. 기업들이 총수나 CEO의 경호와 안전에 많은 노력을 기울이는 이유이다. 해외의 글로벌 기업에서는 창업자나 CEO뿐만 아니라 C 레벨의 주요 임원들도 보호 프로그램Executive Protection의 대상이다.

경호는 기업의 성장과 경영 연속성을 위해 회사의 주요 인물인 인적 자산을 보호하는 업무이다. 동시에 경호는 기업 보안의 영역에 속한다. 국내 기업에서는 총수나 CEO의 경호를 기업 보안이라는 큰 틀에서 다루지 않고 독립된 하나의 팀에서 담당한다. 기업 보안의 체계적인 프레임워크framework 안에서 작용하는 시스템이 만들어지기에는 아직 역사가 길지 않기 때문일 것이다.

기업에서 경호는 기업 보안이라는 넓은 범주에서 VIP 프로텍션Protection의 역할 개념으로 운용되어야 한다. VIP 프로텍션을 경호, 즉 신변 보호라는 한정적인 시각의 틀로 재단해서는 안 된다. 물리적인 공격을 방어하는 좁은 의미의 역할적 정의에서 벗어나야 한다. 물론 신변에 위기가 닥쳤을 때 몸을 던져 막아내는 원초적인 경호의 기능도 중요하다. 그러나 기업의 경영진 보호 프로그램Executive Protection Program은 총수나

CEO의 신체만 보호하는 것이 아니다. 경호 작용의 생산성에 좀 더 고도화된 가치를 담아낼 수 있는 역할적 정의로 옮겨갈 필요가 있다.

　총수나 CEO가 기업의 성장과 발전을 위해 이끄는 곳 어디에서든지 최상의 업무 환경을 유지할 수 있도록 하는데 VIP 프로텍션의 역할이 있다. 그러기 위해서는 신변 보호, 사무실과 거주지 보안 관리, 출장이나 여행의 안전 관리, 도청 방지와 통신 보안, 프라이버시와 개인 정보 보호 등 다양한 업무가 체계적으로 이루어져야 한다. 이러한 업무들이 하나의 통제된 조직적 단위에서 이루어지지 않고 여기저기 관리 주체가 다르거나 사각 지대에 방치되면 그 사이에서 빈틈이 생긴다. 신변 보호는 완벽한데 프라이버시나 민감한 정보가 줄줄 샌다면 어떻겠는가? 몸은 안전한데 옷가지는 다 벗겨져 있는 것과 다를 바 없는 셈이다.
　따라서 기업의 경호는 기업 보안의 큰 테두리 안에서 신변 보호, 의전, 보안 및 안전 관리 등 물리적 분야와, 웹메일 보안, 개인 데이터 관리 등 정보 보호 분야가 하나로 합쳐진 VIP 프로텍션의 주요 기능으로 작용하여야 한다.

3

chapter

소 잃고 외양간도
못 고치는 기업들

01 같은 곳을 보지만 따로 움직이는 기업 보안의 요소들

기업의 VIP 프로텍션^{Protection}은 회사의 중요한 인적 자산을 보호하는 업무이다. 물리 보안^{Physical Security}은 기업의 인적, 정보 및 시설 자산을 보호하는 업무이다. 정보 보안^{Information Security}은 기업의 정보 자산이 훼손, 변조 또는 유출되지 않도록 보호하는 업무이다. 관리적 보안^{Administrative Security}은 기업의 자산을 어떻게 관리하고 보호할 것인지 정책과 절차, 규정 등을 계획하고 수립하는 업무이다.

기업 보안을 이루는 이러한 요소들은 기업의 자산을 보호하고 손실을 예방하는 리스크 관리 활동을 통해 보다 안전하고 완벽한 기업 보안을 완성하고자 하는 하나의 목표에 맞닿아 있다. 그러나 이처럼 큰 틀에서 같은 목표를 바라보면서도 정작 기업 내에서는 모두 별개의 영역으로 다루어지고 상호 연계도 잘 이루어지지 않는 경우가 많다. VIP 프로텍션은 별도의 경호 부서나 보안 부서에서, 출입통제시스템이나 보안 요원의 운영과 관련된 물리 보안은 보안이나 경비 관련 부서에서, 정보 보호 기술과 관련된 정보 보안은 전산이나 IT관련 부서에서, 보안 정책이나 규정, 지침과 관련된 업무는 총무나 운영 지원 부서에서 담당하는 식이다.[25]

기업 보안이 하나의 조직적 단위에서 이루어지지 않고 관리 주체가 여기저기 달라 상호 연계가 원활하지 않거나, 관련 분야를 같이 다루는 조직적 단위가 있더라도 전사적 기업 보안을 전체적으로 아우르지 못하면 그러한 틈에서 보안 공백이 생겨난다. 이러한 보안 공백은 관련 조직의 효율성을 저하시키고 궁극적으로 기업 보안의 완성도를 떨어뜨린다.

기업 보안을 구성하는 요소들의 유기적인 결합은 개별 요소의 단순한 합^合의 개념이 아니다. 여러 요소가 함께 상호 작용하면서 효과가 커지는 조직적 상승효과, 즉 시너지 효과를 극대화할 수 있다는 점에서 단순한 합과는 차원이 다르다.

이제 국내 기업들도 개별적인 보안 기능에 따라 분리된 조직적 형태나 기능적 형태로는 한계가 있다는 점을 인식하고 있다. 총체적인 시각으로 기업 보안 전략을 전개해 나갈 수 있는 컨트롤 타워인 최고보안책임자(CSO)^{Chief Security Officer}를 중심으로, 기업 보안의 여러 요소를 통합해야 진정한 기업 보안 체계가 완성될 수 있다. 해외의 선진 기업들은 최고보안책임자를 구심점으로 전사적 리스크 관리 차원의 조직 체계를 운영하고 있다.

기업 보안의 구성 요소들이 각각의 고유한 기능을 가지면서, 상호 유기적으로 결합하여 통합된 프로세스로 접근할 수 있는 조직적 체계를 갖추어야 한다. 이는 보다 안전하고 완벽한 기업 보안을 위한 시큐리티 매니지먼트^{Security Management}의 필수 요소이다.

---

25) 최선태, 기업 안전관리 업무의 전문화에 관한 연구, 한국체육대학교 박사학위논문, 2005.

02 쥐도 새도 못 막을 허술한 도청 대비

2018년 10월, 사우디아라비아의 반정부 언론인 자말 카슈끄지[Jamal Khashoggi]가 터키 이스탄불 주재 사우디 총영사관에서 들어간 뒤 실종되었다. 이후 터키 일간지 <데일리 사바흐(Daily Sabah)>는 카슈끄지가 영사관 안에서 살해되었다는 정황을 최초로 보도하였다. 카슈끄지는 사우디 왕실을 비판하는 칼럼을 <워싱턴 포스트(WP)>에 기고해왔는데, 이를 눈엣가시처럼 여긴 사우디 측에서 카슈끄지를 살해했다는 것이다. 이는 국제적 논란을 불러왔다. 처음에는 카슈끄지가 차고 있던 애플워치가 이 사건의 스모킹 건 역할을 한 것으로 알려졌다. 카슈끄지가 살해되는 정황이 애플워치에 녹음되었고, 이 파일이 총영사관 밖에 있던 약혼자에게 맡긴 아이폰에 동기화되었다는 것이다. 그러나 카슈끄지가 차고 있던 애플워치가 건물 밖의 아이폰과 블루투스로 연결되기에는 현실적으로 거리가 너무 멀었다. 살해 과정에서 애플워치를 팔에 그대로 두었다는 것도 쉬이 납득하기 힘들었다. 전문가들이 도청 의혹을 제기하는 이유였다. 미국 중앙정보국(CIA) 출신의 정보분석가는 터키 정보 당국이 사우디 총영사관을 도청했을 가능성이 있다고 주장하였다.

국가 간 도청 사건이 어제오늘 일은 아니다. 2002년 1월, 영국 <파이낸셜 타임스(FT)>는 도청과 관련된 흥미로운 기사를 보도했다. 보도에 따르면 2001년 6월, 중국 정부가 장쩌민 국가주석의 전용기로 미국 보잉사의 B767기종을 구매했다. 내장內裝이 비어 있는 상태에서 추가로 1000만 달러 이상을 들여 내부 인테리어 작업을 진행했다. 텍사스에 있는 전문 업체가 작업을 진행했고 중국 정보 당국이 작업 과정을 관리했다. 3개월 후 비행기를 인수한 중국은 테스트 비행에 나섰다. 그런데 기내에서 뭔가 이상한 소리가 계속 들려 점검에 들어갔고, 그 결과 20개가 넘는 도청 장치를 발견했다. 전용기로 사용하려던 이 비행기는 결국 일반 여객기로 10년 정도 운행되다가 다른 나라에 팔렸다고 한다.26)

국가간 중요 회담이나 협상에서 가장 예민하게 신경 쓰는 것 중에 하나가 상대국의 첩보 활동을 차단하는 일이다. 도청 탐지 장비를 동원하여 주변을 샅샅이 뒤지는 것은 물론이고, 회담장 주변의 호텔이나 식당에서 직원이나 정보원이 대화를 엿듣는 인적 유출 통로까지 철저히 경계한다. 국익과 직결되는 정보를 수집하기 위해 비밀리에 상대방을 도·감청하는 것은 이미 널리 알려진 사실이다.

도청 문제는 기업에도 더할 나위 없이 중요한 사안이다. 도청은 산업스파이가 기업의 기밀 정보를 탈취하는 주요 수단 중 하나이다. R&D 및 M&A 관련 정보, 구조 조정 계획 등의 중요 사안은 물론이고 임원 회의에서 오가는 대화 내용이나 지시 사항도 외부로 유출되어서 좋을 것이 하나도 없다. 그러나 국내의 많은 기업들은 도청 위협에 대응하는 수준이 허술하기 싹이 없는 상태인 경우가 허다하다.
기본적으로 도청 위협에 대한 경각심이 부족한 경우가 많다. 도청 방지 장비를 운용하거나 도청 탐지를 한다고 하더라도 제대로 된 운용 프로세스가 없는 경우가 많다. 그러다 보니 디테일이 떨어진다. 도청을 방지하고 탐지하는 방법은 도청을 시도하는 기술에 따라 달라진

---

26) Henry Chu, "Jiang's U.S.-Built Plane Is Reportedly Bugged", <Los Angeles Times>, 2002.01.19.
https://www.latimes.com/archives/la-xpm-2002-jan-19-mn-23654-story.html

다. 뿐만 아니라 도청 기술과 탐지 기술은 창과 방패의 싸움처럼 점점 진화한다. 제대로 된 대^對도청 예방 프로세스가 없다 보니 장비의 운용 능력은 떨어지고, 노후화에 따른 관리도 제대로 이루어지지 않는다. 하물며 담당하는 직원들이 해당 직무에 대한 기본적인 지식조차 부족한 경우가 태반이다.

실제 사례이다. 국내 굴지의 한 대기업에서 도청 탐지 장비를 운용하고 있었다. 그런데 매번 정해진 요일의 같은 시간에만 정기적으로 점검을 했다. 그러다 보니 모든 직원이 언제 점검을 하는지 다 알고 있었다. 이는 기업의 감사팀이 내부 감사를 불시에 하지 않고 미리 일정을 알려주고 나서 찾아가는 것과 같은 꼴이다.

기본적으로 VIP룸이나 중요 회의실의 통신 시설, 사무 집기의 유지보수는 검증된 업체를 통해 실시하여야 한다. 부품을 교체할 때는 사전 점검을 해야 하고 공사나 청소도 직원 입회 하에 해야 한다. 부품 교체나 점검을 위장해 도청 장치를 설치하는 경우가 있기 때문이다. VIP룸은 일과 시간 외 출입 기록도 보안 담당자에게 공유해야 한다. 도청 장치를 실내에 심는 방법이라면 외부인이 설치할 수도 있지만 내부 직원이 설치할 수도 있다. 아무도 없는 시간에 비정기적인 점검을 병행해야 하는 이유이다.

도청 탐지기가 불량인 경우도 있다. 실제로 지난해 일부 공공기관이 도입한 도청 탐지기가 불량 논란에 휩싸인 적이 있었다. 집무실이나 회의실에 설치해두고 이상 주파수를 계속 체크하는 상시형 무선 도청 탐지기였다. 국내의 한 대기업에서도 수십 대를 운용하던 장비였다. 노후화 문제도 심각하다. 국내 대기업들이 그룹별로 수십, 수백 대씩 운용하는 장비도 오래된 구형을 그대로 사용하는 경우가 많다.

구형 도청 탐지기는 요즘의 디지털 도청기에 대응하지 못한다. 주파수 탐지 범위도 제한적이어서 최신 도청 장치를 잡아내지 못한다.

기술이 발달할수록 아날로그로 돌아간다

국내의 한 대기업에서 있었던 일이다. 주요 임원 회의에서 오간 내용들이 거의 실시간으로 유출되는 정황이 포착되었다. 회의 내용이 지속적으로 유출되고 있었다는 의혹도 돌았다. 최고경영진의 지시로 전문 인력이 투입되어 본사 빌딩의 회의실 등에 대대적인 도청 탐지를 실시했다. 직원들이 모두 퇴근하고 아무도 없는 시간에 점검이 이루어졌다. 전체적으로 점검을 끝냈지만 의심스러운 도청 장치는 찾을 수 없었다. 그리고 얼마 후, 여러 경로를 통해 원인을 파악하던 중 사람 대 사람 간의 인적 경로가 유출 통로였던 것이 드러났다.

다른 사례도 있었다. 한 대기업 총수가 회의 내용이 계속 외부로 유출되는 것 같다는 의심이 들었다. 몇몇 임직원과 나눈 내용들이 밖에서 우연찮게 본인의 귀에 들리는 것이었다. 도청 탐지도 별 문제가 없었다. 나중에 원인이 밝혀졌는데, 회의에 참석했던 직원이 녹음한 회의 내용이 유출된 것으로 추정되었다. 해당 직원이 불순한 의도로 녹음한 것은 아니었다. 회의 내용이나 지시를 잘 들으려는 생각에 녹음을 하는 경우도 있다. 그러나 악의적인 의도가 없었더라도 이후 관리 소홀이나 부주의, 또는 해킹으로 녹음 내용은 얼마든지 유출될 수 있다.

사실 보안 사고는 사람이 취약 고리인 경우가 많다. 밖에서 지인이나 친구와 만나는 편한 자리에서 자의든 타의든 정보를 흘릴 수 있다. 산업스파이 사건들도 인적 경로로 얻은 우연한 정보가 큰 사건의 단

초가 되는 경우가 많다. 장비나 기술을 동원하는 도청이나 해킹 못지 않은 주요한 유출 경로이다.

회의 참석자가 녹음기를 들고 들어가서 녹음하는 것은 전형적인 아날로그 방식이다. 핸드폰 녹음 기능도 마찬가지이다. 아날로그 녹음기나 핸드폰 공기계, 초소형 몰래카메라는 전파가 나오지 않아 주파수 탐지형 도청 탐지기는 무용지물이 된다. 구시대적인 아날로그 방식이 생각지 못한 취약성의 문을 여는 열쇠가 될 수도 있다. 구시대적인 방식이라고 우습게 보다가는 제대로 한 방 맞을 수 있다.

03 차량 돌진에 무방비한 빌딩들

2007년 4월 10일 오후 12시 40분경, 휴대전화 해외 로밍이 잘 안 된다는 이유로 서비스에 불만을 품은 40대 남성 김모 씨(46)가 서울 중구 SK텔레콤 본사로 찾아갔다. 회사 관계자와 면담을 요구했는데 잘 받아들여지지 않았다. 그러자 화가 난 김 씨는 자신의 벤츠 차량을 타고 본사 빌딩 로비를 향해 돌진했다. 회전문을 들이받아 차체의 반이 로비 안으로 들어간 상태에서 겨우 멈춰 섰다. 김 씨는 차 안에서 10분 정도 직원들과 대치하다 출동한 경찰에 의해 연행되었다.

2011년 3월 14일 오후 1시 15분경, 아반떼 차량이 서울 중구 한화 그룹 본사 빌딩 로비를 향해 돌진했다. 1층 유리문을 들이받고 로비 안까지 완전히 들어가서 멈춰 섰다. 차에서 내린 운전자 김모 씨(32)는 골프채를 꺼내 들고 로비에서 난동을 피우다가 경찰에 연행되었다. 김 씨는 경찰 조사에서 환청이 들린다는 말을 반복하는 등 범행 동기에 대해 횡설수설한 것으로 알려졌다.

2016년 3월 11일 오전 7시경, 서울 서초구 현대자동차 본사 정문을 통과한 싼타페 차량이 그대로 질주해 빌딩 현관의 대형 유리로 돌진했다. 유리창을 부수고 멈춰 선 차량 운전자 이모 씨(35)는 현대차동차 직원이었다. 경찰 조사에서 이 씨는 처음에는 급발진 탓이라고 주장했으나 이후 고의로 들이받은 것으로 드러났다.

2016년 7월 24일 오전 7시 10분경, 게임 회사에 불만을 품은 중국 동포 이모 씨(33)가 SM3 차량으로 경기도 성남시 분당구 넥슨코리아 본사 빌딩으로 돌진했다. 1층 유리문을 들이받고 로비 안까지 들어온 뒤 차량은 멈춰 섰다. 운전면허도 없던 이 씨는 한국에 살고 있는 자신의 형 차를 끌고 나와 범행을 저질렀다. 이 씨는 면허 취소 수치인 혈중알코올농도 0.081% 상태였던 것으로 알려졌다.

국내 대기업들의 본사 빌딩을 작정하고 차로 들이받은 사례들이다. 전문가의 시각으로 보면 어처구니가 없는 사건들이다. 차량으로 돌진하는 것이 아니라, 차량 돌진에 대한 대비가 전혀 없었다는 것이 문제라는 얘기이다. 얼마 전 차량이 경찰지구대로 돌진한 비슷한 사건이 있었다. 아래는 해당 사건의 기사 내용이다.

> 2018년 11월 10일 새벽, 경북 예천읍 동본리의 한 도로에서 혈중 알코올 농도 0.143%의 음주 상태로 카니발 차량을 몰던 A(63) 씨가 교통사고를 내고 경찰에 적발됐다. 경찰은 A씨의 가족을 불러 차량을 인계하고 A씨를 일단 귀가 조치했다. 경찰 단속에 화가 난 A씨는 귀가 직후 다시 본인의 차량을 몰고 나와 예천지구대 출입

문을 향해 돌진했다. 그러나 지구대 앞에 설치된 충돌방지석에 걸려 멈춰서면서 다행히 인명 피해나 기물 파손은 없었다.
당시 지구대 안에는 경찰관 3명이 근무 중이었다. A씨는 차가 걸려 움직이지 못하는 상황에서도 계속 액셀러레이터를 밟은 것으로 알려졌다. 이 충돌방지석은 사고가 나기 얼마 전에 경찰서장이 현장 직원의 안전 확보를 위해 지시해 설치한 것이었다.[27]

위에서 말하는 '충돌방지석'은 볼라드(Bollard)의 일종이다. 물리보안의 기본적인 요소로 차량의 돌진을 막기 위한 장치이다. 원래는 계선주繫船柱를 뜻하는 것으로 부두에 정박한 선박을 묶어두기 위한 용도였다. 우리 주변에서도 쉽게 찾아볼 수 있다. 인도나 횡단보도에 차량이 진입하는 것을 막기 위해 말뚝처럼 여러 개가 세워져 있는 것이 볼라드이다. 볼라드는 여러 가지 소재와 형태를 가진 다양한 종류가 있다. 중요한 시설에서는 유압으로 지면과 같은 높이로 내렸다 올렸다 할 수 있는 능동형 볼라드Retractable Bollard를 사용하기도 한다. 최근에는 벤치와 연결하거나 조명을 결합하는 등 미적 요소를 가미한 디자인의 제품도 많이 사용한다.

우리나라 인도에 설치되는 볼라드는 「교통약자의 이동편의증진법」에서 "높이 80~100cm, 지름 10~20cm, 재료는 보행자 등의 충격을 흡수할 수 있어야 한다." 등으로 성능 기준을 제시하고 있다.

미국의 기준은 아주 구체적이다. 미 국무부의 테스트 표준인 「SD-STD-02.01」에 따르면 6,800kg(15,000lb)의 테스트 차량을 사용하고 침투 한도Penetration limits는 1m(3ft)를 넘지 않도록 규정하고 있다. 최대 80km로 돌진하는 6,800kg의 차량을 약 1m 이내에서 막아낼 수 있어야 한다는 것이다. 선진국에서는 이런 실질적인 데이터를 근거로 제품 개발의 기준을 제시한다.

---

27) 박기범, "경찰서장 선견지명, 지구대 안전 지켰다", <경북도민일보>, 2018.11.12.

기업 보안에서 볼라드는 차량 돌진에 대비한 **VIP** 프로텍션 개념이 적용된 물리 보안 요소이다. 본사 빌딩 입구는 기업의 총수나 주요 경영진, 임직원들이 수시로 드나드는 장소이다. 국내 굴지의 대기업들이 이런 기본적인 물리 보안의 개념조차 없었던 것이다. 돌진 사고가 나서야 다들 볼라드를 설치했다. 앞서 예를 든 기업 중에는 실제로 그룹의 총수가 도착하기 약 10분 전에 돌진 사고가 난 곳도 있다. 그러나 아직도 제대로 설치하지 않고 무방비로 뚫려 있는 기업도 있다.

최근 들어 우리나라에서 차량으로 건물이나 행인을 향해 돌진하는 사례가 자주 일어나고 있다. 운전 미숙으로 인한 경우도 있지만 의도적으로 사람을 공격하기도 한다. 최근 몇 년 사이 사람을 노린 차량 돌진으로 수십 명이 죽거나 다치는 소프트 타깃^{Soft target} 유형의 테러 사건[28]도 전 세계적으로 빈번하게 일어나 충격을 주고 있다. 기업의 보안 담당자들은 안일한 생각을 버리고 당장 본인이 책임진 건물의 주위 환경부터 유심히 둘러볼 필요가 있다.

04 무의식중에 열리는 보안 위협, 진짜 뒷문

'백도어^{Backdoor}', 말 그대로 뒷문이라는 뜻이다. IT업계에서 백도어는 정상적인 인증 절차를 거치지 않고 컴퓨터 시스템이나 암호 시스템에 접근할 수 있는 방법을 말한다. 인증 절차가 필요한 앞문을 피해 뒷문

---

28) 테러리스트의 공격에 취약한 불특정 민간인에 대한 테러 행위를 뜻한다. 정부기관이나 공적기관을 대상으로 하는 '하드 타깃 테러'의 반대 개념이기도 하다. 소프트 타깃 테러는 손쉽게 공격을 가할 수 있고 공포감을 극대화할 수 있기 때문에 점차 증가하고 있는 추세이다.

으로 시스템에 접근하는 것이다. 정상적인 보안 관리를 우회하는 백도어를 이용하면 흔적을 남기지 않고 정보를 마음대로 들여다보거나 빼낼 수 있다. 심지어 기기를 원격으로 조작하는 것도 가능하다. 2015년에 카이스트(KAIST) 시스템보안 연구실과 보안기업 NSHC는 중국에서 수입된 CCTV와 IP카메라에서 제조사가 몰래 숨겨 놓은 백도어를 발견하기도 했다. 보안을 위해 설치한 기기가 오히려 영상 정보의 유출 통로로 악용될 수 있는 것이다.

정상적인 방법을 우회해서 시스템에 접근하는 백도어만큼이나 중요한 보안 문제는 물리적인 백도어, 즉 진짜 뒷문이다. 이는 고전적인 보안 취약점 중 하나인데 여전히 기업 보안을 실질적으로 위협하고 있다. 미국의 보안 전문 기업 엑센티넘^{Excentium}의 시니어 엔지니어인 대런 위그필드^{Darren Wigfield}는 "사람들이 그냥 들어가서 노트북을 가져갈 수 있다면, 아무리 철저하게 서버를 관리하고 어려운 암호를 만들어 암호화를 해도 의미가 없다."고 지적했다. 또 다른 정보 보안 업체인 택티컬 인텔리전스^{Tactical Intelligence} CEO인 셰인 맥도걸^{Shane MacDougall}은 "모든 사람들이 지금 인터넷만 걱정하고 있다. 그러나 실제로 정보 유출은 백도어를 통한 접근으로 이루어질 가능성이 더 크다."고 강조했다.[29]

미국의 보안 업체 비트글래스^{Bitglass}가 2016년에 발표한 자료에 따르면 금융 서비스 부문에서 발생하는 정보 유출 사고의 네 건 중 한 건은 기기를 잃어버리거나 도난당하는 물리적인 문제에 의해 발생한다고 한다. 해킹으로 정보가 유출되는 경우는 다섯 건 중에 한 건에 해당하는 비율이었다.[30] 이러한 데이터를 들여다보면, 보이지 않는 해

---

29) Wayne Rash, "Physical and data security: Two sides of the same coin", <Enterprise.nxt>, 2017.03.06.
http://www.hpe.com/us/en/insights/articles/physical-and-data-security-two-sides-of-the-same-coin-1703.html

커들을 방어하는 기술적인 솔루션이 매력적으로 보일 수 있지만 그에 못지않게 중요한 기업 보안의 요소가 물리 보안이라는 점에 의심할 여지가 없다. 물리적인 취약성을 노리는 위협을 간과하거나 기업 보안 기능의 어느 한 분야에만 치중하면 전체적인 보안의 큰 그림을 놓치는 것이다.

사실 허술한 '뒷문'의 사례는 직원들이 별 생각없이 하는 일상적인 행동에서 쉽게 찾아볼 수 있다. 출입 카드를 찍고 문을 열고 들어가면서 바로 뒤에 오는 사람을 위해 문을 잠깐 잡아주는, 소위 '우발적인 도어맨'의 사례는 빈번하게 일어난다. 무단으로 침입하려는 사람이 마음만 먹으면, 보안 근무자가 있다고 해도 어수선한 틈에 우발적인 도어맨을 이용하여 출입하는 것이 가능하다.

테일게이팅Tailgating도 전형적인 물리 보안 취약성 중 하나이다. 테일게이팅은 정상적인 인증 절차를 거친 사람 뒤에 붙어서 몰래 뒤따라 들어가는 방법이다. 출입문이나 스피드게이트가 열렸다가 닫히는 틈을 노리는 방법으로, 정상적으로 들어온 직원은 절차 위반이 발생했다는 것을 모른다는 점에서 우발적인 도어맨과는 차이가 있다. 컴퓨터의 자동 로그인 옵션이 활성화되어 있으면 이를 악용하여 남의 계정으로 로그인하는 것과 유사하다. 권한을 가진 사람이 인증을 하고 권한이 없는 사람과 함께 들어가는 물리적인 부정 출입이나, 적법한 절차나 프로그램에 편승하여 침입하는 네트워크상의 부정 접근은 피키배킹Piggybacking이라고 한다.31)

30) Bitglass, "Lost & Stolen Devices Account for 1 in 4 Breaches in Financial Services", <Bitglass News>, 2016.08.25.
https://www.bitglass.com/press-releases/financial-services-breach-report-2016

31) Curtis Franklin Jr., "7 Real-Life Dangers That Threaten Cybersecurity", <DarkReading>, 2018.11.26.
https://www.darkreading.com/risk/7-real-life-dangers-that-threaten-cybersecurity/d/d-id/1333326

이렇게 보면 무심결에 보안 정책을 위반하고 부정 출입을 하거나 방조하는 경우가 평소에 얼마나 많은지 새삼 놀라울 것이다. 비슷하게는 컴퓨터 주변에 비밀번호가 적혀 있는 경우도 허다하다. 실제로 컴퓨터 주변의 포스트잇에 적혀 있던 비밀번호로 시스템에 몰래 접근하여 정보를 빼내 간 사례도 여럿 있다. CCTV의 사각지대나 거의 사용하지 않아 관리가 안 되는 외진 곳의 출입문도 뒷문으로 쓰일 수 있다.

"보안은 고리로 연결된 사슬이고 가장 약한 고리만큼 안전하다."는 격언이 있다. 쇠사슬의 다른 고리가 얼마나 강하든 하나의 고리가 부실하면 전체적인 보안 강도는 그 부실한 고리의 강도만큼 약하다는 것이다. 실제로 보안의 약한 고리들은 대부분 보안 제품의 문제가 아니라 미숙한 관리와 운영상의 허술한 틈, 그리고 보안 의식이 결여되어 있기 때문이다.

05 안에서 새는 바가지가 더 무서운 기밀 유출

최근 삼성디스플레이 협력사 임직원들이 스마트폰에 적용되는 곡면 OLED 엣지 패널의 핵심 기술을 중국으로 빼돌렸다는 혐의로 기소되었다. 해당 업체는 삼성디스플레이가 수년간의 연구 끝에 개발한 이른바 '3D 라미네이션Lamination' 기술과 장비를 중국 업체에 팔아넘겼다는 혐의로 재판이 진행중이다. 삼성은 이로 인한 잠정 피해액이 6조 5000여 원에 이르는 것으로 추산하고 있다.[32] 해당 업체는 삼성과 25년 이상을 함께해 온 디스플레이 장비 제조 분야 중견기업이다. 해당 업체 측은 기술 유출이 아니라 정당한 수출이었다고 반박하고 있어 재판 결과가 주목된다.

이런 굵직굵직한 기술 유출 사건은 끊임없이 계속되고 있다. 국가정보원 산업기밀보호센터는 지난 10년 동안 적발된 국내 첨단 기술의 해외 유출 사건이 364건에 이른다고 밝혔다. 그리고 이 중 절반 이상은 중국으로 기술이 유출되는 사건이다. 한국산업기술보호협회에 따르면 해외 기술 유출로 인한 기업들의 피해액이 연평균 50조 원에 이르는 것으로 추산되고 있다.[33]

막대한 연구개발비를 투자한 신기술이 해외로 유출되는 것은 해당 기업만의 문제로 끝나지 않는다. 기술 유출은 국가 산업 전반을 흔들고 국가 경쟁력 하락으로 이어질 수 있는 중요한 문제이다. 세계 각국이 자국의 산업을 보호하고, 첨단 기술 유출을 방지하기 위해 지속적으로 법률을 강화하고 있는 것도 그러한 맥락이다.

기업이 직면한 가장 심각한 위협 중 하나는 내부의 적

사마천의 『사기』 중 「조선열전(朝鮮列傳)」에 고조선에 대한 기록이 일부 있는데, 사마천이 평가하기를 고조선이 망한 것은 한漢나라가 잘해서가 아니라 고조선의 내부 분열 때문이었다고 한다. 역사적으로 '외부의 적보다 내부의 적이 더 무섭다.'는 사실을 잘 알려주는 대목으로 널리 쓰인다.

---

32) 박희석, 『친인척 내세워 만든 위장업체 통해 對中 기술 유출』, 월간조선, 2019년 2월.

33) 성균관대학교 산학협력단, 『중소기업 기술보호 역량강화 대응방안』, 국가지식재산위원회, 2016년 5월

산업기밀보호센터의 통계 자료에 따르면 기업의 전·현직 직원이 기술을 유출하는 경우가 전체의 80.4%에 달한다. 협력 업체 직원이 유출하는 경우가 9.6%로 그 뒤를 잇는다. 핵심 기술에 접근하기 쉬운 직원들이 몰래 자료를 빼내 팔아 넘기거나, 자료를 가지고 퇴사해 이를 악용하는 형태가 가장 빈번한 사례이다. 기술을 유출하는 이유의 약 80%는 금전적인 유혹과 개인의 영리를 위해서였다.

내부 직원들의 이러한 심각한 일탈 행위를 보면 십자군 원정대에 매수되어 안티오크^{Antioch}의 성문을 열어준 수비대장이 오버랩 되는 것은 왜일까? 중세기인 1097년, 1차 십자군 원정대는 안티오크성을 둘러싸고 공성전에 돌입했다. 안티오크는 당시 동지중해의 교역 중심지로 상업이 발달해 크게 번영한 도시였다. 기세가 등등하던 십자군의 포위전이 해를 넘겼다. 식량은 바닥나고 전염병까지 돌아 사기는 급격하게 떨어졌다. 안티오크를 구원하기 위한 대규모 군대까지 오고 있던 터라 십자군은 절체절명의 위기에 몰렸다. 그러나 이때 십자군 원정대 지도자인 보에몽^{Bohemund}에게 매수된 수비대장이 내부에서 성문을 열면서 8개월을 버티던 안티오크성은 십자군에게 함락당하고 말았다.

해커, 악성 코드, 스파이웨어, 멀웨어, 디도스보다 무서운 내부 위협

해커, 악성 코드, 스파이웨어, 멀웨어, 디도스… 정보 유출과 관련해 자주 듣게 되는 용어들이다. 모두 외부의 위협과 관련된 것들이다. 최근 정보 보호 관련 시장조사기관인 포네몬 연구소^{Ponemon Institute}의 보고서에 따르면, 데이터 유출 피해의 원인으로 내부자의 실수가 63.7%, 내부자의 의도적인 행위가 22.9%, 해킹된 내부자가 13.4% 순이었다. 그런데 여기서 사고 대응과 조사, 피해 복원과 분석 등 사고 이후의 관련 비용을 들여다보면 내부자의 의도적인 행위가 얼마나 위협적인지 극명하게 드러난다. 사고 한 건당 평균 비용은 해킹된 내부자가 37만 8,000달러인데 반해 내부자의 의도적인 행위는 41만 달러에 달한다. 년간 비용으로도 해킹된 내부자는 195만 7천 달러인데 반해 내부자의 의도적인 행위는 299만 2천 달러에 달한다. 해킹보다 의도적인 내부자에 의한 데이터 유출이 훨씬 파괴적이다.[34]

이유는 간단하다. 금은방에 강도가 들었다고 생각해보자. 강도는 먼저 금은방의 보안 시스템을 뚫고 들어가야 하고, 들어가서는 진열장 유리를 깨고 눈에 보이는 것만 쓸어 담아 나와야 한다. 그에 반해 값비싼 것들이 어떤 것인지, 어디에 있는지 잘 알고 있는 종업원이 작정하고 그런 것들만 빼돌린다면 강도가 드는 것하고는 차원이 다를 것이다.

내부의 적이 훨씬 큰 금전적 피해를 유발하고 방어하기도 더 어렵다. 바깥에서 들어오는 위협을 막는 것도 중요하지만 내부자가 초래하는 위협을 방어하는 것이 더 중요한 이유이다.

---

34) 2018 Cost of Insider Threats: Global, *Ponemon Institute LCC*, Apr. 2018

4

chapter

의식 없는 보안은
기업을 위태롭게 만든다

01 달걀도 한 바구니에 담지 않는데 회사의 경영진은?

미 대통령은 매년 초 의회에서 연두교서$^{\text{State of the Union}}$를 발표한다. 국정 운영 방향과 입법 과제 등 국가의 전반적인 상황에 대해 연설한다. 부통령, 상·하원 의장, 연방대법관, 행정부 장관 및 군·정보기관 수장 등 국가의 최고위급 인사 대부분이 참석하는 연례행사이다.

대통령이 연두교서를 발표하던 도중 폭탄 테러가 발생하고 행사에 참석한 주요 인사 대부분이 사망한다. 다른 장소에 머물고 있던 도시개발 장관이 급작스럽게 대통령 권한을 대행하게 된다. 미국 드라마 <Designated Survivor>의 한 장면이다. 'Designated Survivor'는 대개 우리말로 '지정 생존자'라 옮긴다. '지정된 생존자' 또는 '지정 승계자'가 옳다는 의견도 있지만 일단 지정 생존자라고 하자.

지정 생존자는 테러나 재난 등 예기치 못한 사태로 대통령과 대통령직 승계자 등 고위 인사들이 한꺼번에 변을 당할 경우 대통령 권한을 대행하기 위해 지명된 사람을 말한다. 주요 행사가 있을 때 서열과 상관없이 행정부 각료 중 한 사람을 지정한다. 지정 생존자는 공개되지 않은 안전한 장소에서 대기한다. 대통령급 경호가 따라붙고 '풋볼football'로 불리는 핵 가방을 드는 참모도 동행한다.

이처럼 최악의 사태를 염두에 두고 대비하는 것은 국가 차원만의 일은 아니다. 글로벌 기업들은 업무연속성계획(BCP)Business Continuity Planning의 차원에서 이와 관련된 내부 정책을 가지고 있다. 비즈니스 출장을 예로 들면, 같은 비행기에 타는 회사 임원의 숫자를 정책적으로 제한한다. 미국의 기업비즈니스출장연합(ACTE)Association of Corporate Travel Executives이 전 세계 101개 기업을 대상으로 실시한 조사에 따르면, 84%의 기업이 전용기나 민항기를 이용할 때 같은 비행기에 탑승하는 임원의 수를 제한하는 정책을 가지고 있는 것으로 나타났다. 또 이러한 정책을 가진 기업 중 61%는 임원급 이상 중역에게만, 28%는 모든 직원들을 대상으로, 11%는 집행부원들과 집행부 중역에게만 적용하는 것으로 나타났다. 이러한 정책을 가지고 있지 않은 16%의 기업 중 14%의 기업 역시 이와 같은 정책의 시행을 검토할 계획이라고 밝혔다.[35]

항공기 사고로 사망할 확률은 교통사고에 비하면 훨씬 낮다. 그러나 항공기 사고는 일단 발생하면 치명적인 결과를 낳는 경우가 많다. 그리고 불가항력적이다. 탑승객 입장에서는 자동차 운전처럼 조심한다고 되는 일이 아니다. 비행기를 이용하는 비즈니스 출장은 기업의 임직원들에게 이제 일상적인 일이다. 사고를 당할 확률이 아무리 낮다고 하지만 그렇다고 확률과 내기를 할 필요는 없는 것이다.

임원급 중역이 같은 비행기에 탑승하는 것을 제한하는 기준은 회

---

35) SHRM Online Staff, "Many Firms Limit Number of Executives on Same Flight", <SHRM>, 2009.02.10.

https://www.shrm.org/hr-today/news/hr-news/pages/limitnumbersameflight.aspx

사마다 다르다. 미국 인적자원관리협회(SHRM)^{Society for Human Resource} ^{Management}에서 제시하는 표준 정책은 3명 이하이다. 그리고 CEO(최고경영자)와 CFO(최고재무책임자)는 어떤 경우에도 같은 항공편을 이용하면 안 된다고 권고한다. 앞서 기업비즈니스출장연합의 조사에서도 3~4명으로 제한하는 기업이 40%로 가장 많았다.

세계 2위의 하드디스크 제조 회사인 씨게이트 테크놀로지^{Seagate} ^{Technology}는 이와 관련해 다음과 같은 구체적인 정책을 시행하고 있다.[36]

- 한 부서 직원의 반 이상(또는 최대 10명)이 함께 같은 비행기에 탑승해서는 안 된다.
- 부사장^{Vice President}은 3명 이상의 임원과 함께 탑승해서는 안 된다. 단, 해당 부사장의 사전 승인이 있을 경우는 예외로 한다.
- 단체/회의의 경우, 회의나 행사 장소를 선택할 때 이 정책을 고려해야 한다.
- 같은 항공기에 탑승하는 직원들의 위험을 평가하고 필요한 경우 출장 계획을 조정하여야 한다.

계란은 한 바구니에 담지 않는다는 속담이 있다. 이병철 삼성그룹 전 회장이 일본에서 반도체 기술을 익히고 돌아오는 기술자들에게 각기 다른 항공편을 이용하라고 했던 일화는 유명하다. 오너나 경영진이 한꺼번에 사고에 노출될 수 있는 확률을 줄이는 정책은 기업 보안의 리스크 매니지먼트^{Risk Management}의 개념이다.

우리나라의 많은 회사들은 오너 경영 체제를 유지하고 있지만 한두

---

36) "Seagate 기업출장정책", Seagate Technology Homepage, 2015.08.19
   https://www.seagate.com/kr/ko/legal-privacy/corporate-travel-policy/

개 그룹을 제외하고는 이러한 내부 정책이 전무한 실정이다. 비행기뿐만 아니라 오너가※가 한꺼번에 차량을 이용할 때도 염두에 두어야 하는 사안이다. 기업의 경영 연속성과 관련된 중요한 문제인데도 리스크 매니지먼트 차원의 관리가 전혀 이루어지지 않고 있는 실정이다.

02 2중, 3중으로 설치한 시스템의 방어력이 낙제점

1941년 12월, 일본이 진주만을 기습 공격하면서 태평양전쟁이 시작되었다. 전쟁 초기 일본의 전투기 제로센※戰은 연합군 조종사들에게 공포의 대상이었다. 당시 전투기 간 공중전은 선회하면서 상대방 기체의 꼬리를 물고 기관총으로 공격하는 방식 일변도였다. 제로센은 기체를 최대한 가볍게 하여 얻은 뛰어난 기동력으로 공중전에서 확실한 우위를 점하고 있었다. 당시 미군의 F4F 와일드캣Wild Cat은 기체가 튼튼하고 화력과 방어력이 뛰어났지만 기동력은 떨어졌다. 제로센에 맞서 고전을 면치 못하던 미군은 새로운 전법을 도입했다. 와일드캣 비행대의 지휘관인 존 타치John S. Thach 소령이 개발한 타치 위브Thach Weave 전술이 대표적이다. 공중전에서 제로센에게 꼬리를 물린 두 대의 전투기가 서로 반대 방향으로 교차 선회하면서, 그중 한 대가 나머지 한 대를 쫓아가는 제로센을 사각에서 공격하는 전술이었다. 미군의 타치 위브 전술은 어느 정도 효과를 보았으나, 제로센은 태평양 상공의 제공권을 쉽게 내주지 않았다.

그러던 1942년 7월 11일, 공습에 참가했다 피탄被彈된 채로 귀환하던 제로센 한 대가 알래스카의 아쿠탄^Akutan 섬에 착륙을 시도했다. 그러나 늪에 처박히면서 전투기는 뒤집어지고 조종사는 그 충격으로 튕겨 나가 사망했다. 며칠 후 미 해군의 정찰기가 이를 발견했다. 미군은 거의 온전한 상태로 발견된 기체를 실어왔다. 미군은 이를 수리하여 여러 전투기와 모의 공중전을 실시했다. 결과는 제로센의 완승이었다. 어느 것 하나 나아 보이는 것이 없었던 제로센이었지만 압도적인 기동력에 미군 전투기는 적수가 되지 못했다. 새 기종 개발을 고심하던 엔지니어들은 제로센의 강점인 기동성을 따라잡기보다는 약점을 공략하는 방법을 택했다. 제로센은 연합군의 전투기에 비해 출력이 떨어지는 엔진을 가지고 있었다. 그런데도 탁월한 기동력을 발휘할 수 있었던 이유는 기체의 경량화를 극단적으로 추구한 결과였다. 조종석의 방탄 장갑판은 물론 연료탱크 봉합 장치도 생략했다. 그러다 보니 상대적으로 가벼운 공격에도 쉽게 격추되었고 조종사의 사상 비율도 높았다. 또한 기체 강도가 약해 급격하게 하강하는 것조차 기체에 무리가 갈 수 있어 시도하기 어려웠다.

미군은 제로센의 장단점을 분석해 대응 전술을 발전시켰다. 새로 개발하던 전투기에도 이를 적극 반영하였다. 꼬리 물기 방식의 공중전을 피하고 제로센에 꼬리를 물릴 경우 급강하하는 방식으로 상황을 벗어났다. 새로 개발하던 기종은 엔진 출력을 더 높이고 기체의 강도를 강화했다. 강한 기체는 빠르게 상승하고 하강하는 속도를 견뎌낼 수 있었다. 방탄 장갑판으로 조종사를 완전히 둘러싸고 무장도 강화했다. 이렇게 개발된 **F6F** 헬캣^Hellcat 은 강한 방어력을 갖추었고 6문의 기관총으로 중무장하였다. 강력한 엔진 출력 덕에 속도도 제로센보다 훨씬 빨랐다.

헬캣은 제로센을 포함한 수많은 일본 전투기를 격추시켜 나갔다. 조종사들은 강한 기체와 방탄 장갑판을 믿고 돌진해 강력한 화력을 쏟아붓거나, 고공에서 하강해 제로센을 기습했다. 기체가 약한 제로센은 기관총 몇 발만 맞아도 추락하기 일쑤였다. 헬캣은 제로센에게 꼬리를 물려도 급격히 상승하거나 하강해 곤경을 벗어날 수 있었다. 헬캣은 제로센을 완전히 압도하였고 전쟁이 끝날 때까지 무려 19대 1의 격추비를 자랑하며 5,156대의 일본기를 격추하였다. 이는 태평양전쟁에서 미군이 공중전에서 격추한 9,282대의 적기 중 55%를 넘는 수치이다. 만약 미군이 제로센의 강점인 기동성을 따라잡는 데 집착했다면 이룰 수 없었던 성과였다. 적의 약점을 공략하기 위해 강한 기체와 무장에 집중하고 빠른 속도로 대응한 전략이 이루어 낸 성과였다.

『손자병법』의 「허실편(虛實篇)」에선 피실격허避實擊虛의 전략을 논한다. 적을 공격할 때 방어가 견고한 곳을 피하고 허술한 곳을 공격해 허를 찔러야 한다는 뜻이다. 기업 보안의 보안 설계에 있어 기본 원칙 중 하나는 외부에서 접근할 수 있는 포인트의 보안력, 즉 방어력을 가능한 전체적으로 균형 있게 맞추는 것이다. 취약한 고리는 공격당하기 쉽고 전체적인 방어력을 떨어뜨리는 요인이다. 예를 들어 중요한 금고를 보관히는 방이 있다고 생각해보자. 방의 비닥, 벽, 천장, 출입문, 창문 등이 침입할 수 있는 포인트이다. 견고한 방어벽과 시스템으로 천장을 제외한 바닥과 벽, 출입문과 창문의 보안을 강화하였다. 이때 바닥과 벽, 출입문과 창문의 방어력을 각 100이라고 보고, 보안이 약한 천장의 방어력이 10이라고 한다면, 그 방의 전체적인 방어력은 그저 10일 뿐이다.

모건 스탠리의 기업 보안 담당 부사장이었던 릭 레스콜라는 1990년 어느 날, 오랜 친구인 다니엘 힐Daniel Hill을 세계무역센터로 불렀다. 친구인 힐은 대對테러 전문가였다. 레스콜라는 세계무역센터의 보안에 대해 힐의 의견을 듣고 싶었다. 레스콜라는 힐에게 테러범이라면 빌딩을 어떻게 공격할 것 같은지 물었다. 빌딩을 전체적으로 둘러본 힐은 레스콜라에게 지하를 한번 보라고 했다. 두 사람은 지하 주차장으로 내려갔다. 힐은 건물 기둥을 가리키며 이렇게 말했다.

"내가 테러범이라면 트럭에 폭탄을 가득 싣고 와서 저 기둥 옆에 세워 두고 밖에 나가 폭파시키겠다"

출입통제시스템이 잘 갖추어진 다른 곳들과 달리 지하 주차장은 별다른 통제 없이 드나들 수 있었던 것이다.

레스콜라는 뉴욕&뉴저지 항만공사Port Authority에 지하 주차장의 취약한 보안 시스템을 강화해야 한다고 주장했지만 비용 문제로 결국 받아들여지지 않았다. 그리고 1993년 2월, 테러범들이 폭탄을 실을 차량을 지하 주차장에 주차하고 폭파하는 테러가 실제로 일어났고 이로 인해 7명이 사망하고 1,042명이 다쳤다.

이처럼 보안은 아무리 2중, 3중으로 강화한다 하더라도 전체적인 균형이 맞지 않으면 무용지물일 수 있다. 철저하게 울타리를 둘러도 숨겨진 개구멍 하나면 별 소용없는 것이다. 외부에서 비정상적인 방법으로 침입을 시도할 때 보안의 각 장벽을 통과하는 최소 시간이나 어려움이 모든 포인트에서 동일해야 하고, 각 장벽의 무단 침입을 감지할 확률도 동일하도록 구성하는 것이 가장 이상적인 보안 시스템이라고 할 수 있다. 말 그대로 가장 이상적인 것이지 현실에서 완벽하게 구현하는 것은 쉽지 않다. 다만, 가장 이상적인 상태를 끊임없이 추구해 나가는 것이 보안이다.

03 문제는 제품이 아니라 프로세스다

2016년 1월 21일, 인천 국제공항의 보안 시스템이 맨손에 뚫리는 일이 벌어졌다. 한국에서 취업하기 위해 밀입국하려던 중국인 부부가 20일 저녁 일본에서 대한항공 편으로 인천공항에 도착했다. 이튿날 베이징행 비행기로 환승해서 출국하는 일정이었던 이들은 하루 정도 머무는 동안 공항에서 가까운 곳을 관광할 수 있는 제도를 악용해 밀입국할 계획이었다. 그런데 출입국관리사무소에서 입국을 거부당해 계획이 수포로 돌아갈 처지가 되었다. 환승 보안 검색을 마치고 공항에 머물고 있던 이들은 출국장이 있는 면세구역으로 이동했다. 이후 이들 부부는 네 번의 보안 통제 요소를 역으로 뚫고 출국장을 빠져나와 밀입국하는 데 성공한다.

먼저 이들이 면세구역에서 출국장으로 통하는 문에 다가서자 출입문이 스르르 열렸다. 해당 출국장은 규정상 그 시간에 폐쇄하여 출입문이 잠겨 있어야 하는데 그냥 열린 것이다. 문이 저절로 열리자 먼저 안으로 들어간 남성은 1시간 넘게 출국 심사대와 보안 검색대가 있는 출국장 안의 동태를 살피다가 여성을 출국장으로 끌어들였다. 이들은 출국 심사대 옆의 통로에 있던 출입문도 무사 통과했다. 이 출입문도 잠겨 있지 않아서 저절로 열렸다. 출국장 안에 보안 요원이 없던 것도 아니었다. 보안 요원은 출국장 정 중앙에서 근무해야 하는 수칙을 어기고 구석의 사각지대에 앉아 있었다. 그러다 보니 이들 부부가 출국장 안을 빠져나갈 때까지 전혀 알아채지 못했다. 출국장과 공항 로비를 연결하는 마지막 관문인 출입문은 바닥과 경첩으로 연결된 자물쇠가 채워져 있었다. 그러나 이들은 경첩을 바닥에서 뽑아내고 마지막 출입문까지 통과하여 공항 로비로 빠져나왔다. 출입문을 잠그는 경첩이 손으로 뽑을 수 있을 만큼 약한 상태였던 것이다. 이들 부부가 네 번의 보안 통제 요소를 통과하는 데는 14분밖에 걸리지 않았다.

다행히 이들 부부는 나흘 만에 검거되었지만 국가 최고 보안 등급인 인천공항의 허술한 보안 문제가 적나라하게 드러난 사건이었다. 뒤에 다시 자세하게 다루겠지만 물리 보안은 전자적 요소와 구조적 요소, 인적 요소로 구성된다. 이 사건에서 드러난 보안 취약성은 물리 보안의 전자적 요소인 출입통제시스템과 영상감시시스템의 문제가 아니었다. '보안 수칙을 지키지 않은 보안 요원'은 물리 보안의 인적 요소이고, '손으로 뽑아낼 수 있었던 경첩'은 구조적 요소이다. 이처럼 인적 요소와 구조적 요소에서 드러난 취약성이, 훈련 받은 전문가도 아닌 평범한 중국인 부부가 국경을 손쉽게 뚫을 수 있었던 원인이었다. "십인수지부득찰일적十人守之不得察一賊"이라는 고사성어가 있다. 열 사람이 잘 지켜도 도둑 하나를 살피기 어렵다는 뜻인데, 기술적인 제품만 믿고 기본적인 수칙조차 내버려 두었으니 작정한 사람에게 뚫리지 않는 게 이상한 일일 것이다. 물리 보안의 전자적 요소, 즉 기술적인 제품이 만능이라는 인식이 불러일으킨 예고된 인재人災였다.

시스템이 만능이란 잘못된 인식이 현실에서 재현되는 이유

"Good security is a Process, Not a Product."라는 격언이 있다. "좋은 보안은 제품이 아니라 프로세스"라는 뜻으로 제품이 만능이라는 인식은 철저히 경계해야 한다는 의미이다. 이는 물리 보안이든 정보 보안이든 관계없이 적용되는 문제이다. 보안의 운영과 관리에 대한 신중한 고려 없이 제품이나 시스템만 무분별하게 설치해서는 안된다. 투입과 산출의 측면에서 보면 최선의 방안이 아니다. 그러나 현실에서는 이러한 일들이 심심치 않게 일어난다.

CEO와 같은 경영진 레벨은 보안 전문가가 아닌 이상 보안 책임자나 담당자에 비해 보안을 전체적으로 바라보는 시각이 부족하다. 보안 분야 외에도 챙기고 신경 써야 하는 수많은 일들이 있기 때문에 어찌 보면 당연한 일이다. 한편으로는 회사에 직접적인 이익을 가져다 줄 것 같지 않은 보안에 대한 관심이 떨어지는 측면도 있다.

이런 상황에서 회사에 보안 사고가 일어났다고 생각해 보자. 경영진은 보안 책임자에게 사고의 원인과 문제에 대해 보고를 받을 것이다. 단순한 사고가 아니라면, 책임감 있는 보안 책임자는 문제의 근본적인 해결을 위해 보안 체계의 구조적인 문제에 대해 건의하고 싶어 할 것이다. 그러나 대개 경영진은 전체적인 시각에 입각한 보안 책임자의 문제의식을 받아들이기보다는 현실에 닥친 보안 요구사항에 대한 빠른 해결책을 요구한다. 그러다 보면 보안 책임자는 구조적인 문제 해결을 위한 최선의 방책을 선택하기보다는 외부에서 높게 평가받는 제품이나 시스템을 다시 도입하게 된다.

보안 책임자가 전문성이 부족하거나, 회사의 전체적인 보안 체계를 제대로 파악하지 못한 경우에는 보안 책임자 단계에서 이런 문제가 발생한다. 보안 책임자와 보안 제품의 영업 담당자 사이에 역으로 정보의 비대칭이 생기는 것이다. 이럴 경우 영업 담당자가 판매하기 유리한 특정 제품이나 시스템을 추천하면서, 현재의 보안 요구사항에 가장 적절한 해결책이라고 하면 보안 담당자는 그 말을 믿게 된다. 상황에 맞는 최선의 것을 선택하기보다는 잘 알려지거나 이름난 고급 제품이나 시스템을 적용해, 다시 문제가 생기더라도 책임을 회피하려는 경향이 생기는 것이다. 종종 다른 회사가 그렇게 한다는 이유로 특정한 보안 조치를 적용하기도 한다. 무엇이 문제인지를 전혀 이해하지 못한 것이다.

이러다 보니 기업 보안에 대한 체계적인 정책은 없고, 필요에 따라 보안 제품을 구입하는 선에서 해결하고 마무리 짓는 일을 반복하는 것이다. 당연히 보안 제품들은 각각의 역할을 다하지 못하고, 제품 간 시너지 효과도 기대할 수 없게 된다.

보안 관리는 회사에서 지켜야 하는 자산이 무엇인지, 취약성은 무엇인지, 그리고 잠재된 위협의 형태는 무엇인지를 파악하고, 회사의 특성과 환경에 비추어 볼 때 어떤 제품이나 시스템이 필요한지를 체계적으로 분석하여 운영과 관리 프로세스를 구축하는 과정이다.

보안 패러다임은 기술에서 사람과 프로세스로 나아가야 한다

그동안 많은 기업에서 보안 체계 수립의 핵심 요소가 기술을 중심으로 이루어지는 경향이 있었다. 보안은 보안 책임자와 보안 전담 부서만의 역할로 인식되기도 했다. 그러나 보안과 전혀 관련 없는 회사의 업무 영역은 찾아보기 힘들다. 따라서 보안은 기업의 모든 구성원이 예외 없이 관심을 가져야 하는 분야이다. 기업의 보안 문제를 소수의 보안 담당자들만의 업무이자 책임으로 생각한다면, 기업을 위기에 빠뜨릴 수 있는 보안 위협은 그러한 인식을 타고 내부로 쉽게 침입한다.

보안은 그저 비용이고, 특정 부서만의 책임이라는 잘못된 시각에서 이제 벗어나야 한다. 기업 보안의 범위는 포괄적이고, 형태는 시간과 기술의 흐름에 따라 계속 변화한다. 보안 정책과 프로세스를 수립하는 동시에 보안은 조직 구성원 모두의 역할이라는 의식을 전사적으로 내재화하는 교육이 동반되어야 하는 이유이다. 이를 위해서는 먼저 경영진의 인식 변화가 선행해야 한다. 경영진부터 구성원 개개인이 일상적인 업무 속에서 보안을 자연스레 실천할 때, 진정한 기업 보안을 완성할 수 있다.

다시 말해, 전사적인 기업 보안 체계를 제대로 구축하기 위해서는 기술 만능주의에 의존해서는 안 된다. 물론 보다 향상된 보안 제품과 시스템을 적합하게 도입하는 것도 기업 보안을 위해 중요한 일이다. 하지만 그것이 기업 보안의 전부는 아니다. 이제는 사람과 프로세스를 기술 못지않은 기업 보안의 핵심으로 인식해야 한다. 조직의 구성원 개개인이 자발적으로 기업 보안의 일원으로 참여할 수 있는 문화와 비즈니스 프로세스 기반을 마련하는, 새로운 기업 보안의 패러다임으로 전환해 나가야 한다.

04 CCTV는 알아서 잘 달아 주세요

어떤 회사에서 보안 제품을 설치하는 협력 업체 직원이 담당자에게 물었다.

"CCTV는 어디에 달아 드릴까요?"

그러자 담당자가,

"어디에 다는 게 나을까요?"

하면서 되묻더니,

"알아서 잘 달아 주세요"

라고 말했다.

회사의 자산, 취약성, 구조적 문제와 위협을 가장 잘 알아야 하는 보안 담당자가 협력 업체 직원에게 되려 물어보고 알아서 잘 해달라고 한 것이다.

보안 제품의 영업 담당자나 관련 협력 업체 직원은 어떤 제품들이 있는지, 특징은 무엇인지 잘 알고 있는 것이 당연하다. 그렇다고 보안 담당자가 거기에 전적으로 의존해서는 안 된다. 제품의 특징과 장단점을 회사의 보안 환경과 결합하여 어떻게 구성할지, 전체적인 규모와 그에 따라 필요한 제품, 설치 장소 등은 직접 검토해야 한다. 그러기 위해서 보안 담당자는 기본적으로 건물이나 시설의 보안 환경을 구체적으로 파악하고 있어야 한다. 보안 관련 신기술의 흐름도 꾸준히 살피고 신제품의 사양과 특성도 파악해야 한다. 앞서 말한 보안 담당자는 물리 보안 설계의 기본적인 개념이 전혀 없었던 것이다.

필자는 보안 담당자로 네이버(당시 NHN)의 신사옥 프로젝트를 준비할 때 모든 도면을 꼼꼼히 체크하면서 CCTV는 어디에 설치할지, 각종 출입문에는 어떤 제품을 설치할지, 출입통제시스템은 어떻게 구성할지 몇 날 며칠을 고민했다. 보안 담당자가 먼저 위험 분석을 하고 기능 요구사항의 전체적인 밑그림을 그려 봐야 이후 전문 업체의 설계를 검토하고 추가적인 요구사항이나 가이드를 줄 수 있다.

보안 프로젝트를 설계할 때는 CCTV 하나에도 고려해야 할 것이 많다. 대형 빌딩이나 업무 단지에는 한번에 수백 대의 CCTV를 설치하기도 한다. 기본적으로 건축물의 구조를 고려하여 사각지대가 존재하지 않도록 해야 하고, 사용 목적에 따라 제품의 사양과 조건을 검토하여 최적의 영상감시시스템을 구축할 수 있도록 해야 한다. CCTV 대수가 많을수록 영상 관제의 역할도 중요해지기 때문에 보다 지능적인 시스템을 구축하고 그에 따른 운영 체계를 갖추어야 한다.

한 대기업의 보안 전문가인 후배는 관련 강의를 가면 입버릇처럼 말한다고 한다. "보안은 어느 하나 중요하지 않은 것이 없다는 생각이 머리를 가득 채운다. 그럴 때일수록 원칙을 지키는 것이 보안 디자인의 첫걸음이다. 보안으로 지키고자 하는 자산이 무엇인지, 그에 대한 위협은 어떤 것들이 있는지 파악하는 게 먼저다. 그리고 빌딩의 콘셉트나 주변 환경을 잘 고려한 통합보안시스템을 구성하여야 한다."

국내 대기업 사업장의 물리 보안 시스템을 점검·진단해 보면 기본적인 출입통제시스템부터 허술한 곳이 정말 많다. 이는 보안 전문가나 업계 사람들이 하나같이 하는 얘기이다. 물리 보안에는 일반 사람들이 생각하는 그런 보안만 있는 것은 아니다. 보안이 VIP 의전과 임직원의 안전까지 배어들 수 있도록 설계하여야 한다.

대개 사람들은 웅장한 초고층 빌딩을 보면 외관을 보고 감탄한다.

건물의 형태와 모양에 대해 생각하더라도 건축가 정도만 떠올린다. 그러나 그런 빌딩을 설계할 때 구조공학자와 같은 전문 엔지니어가 없었다면 빌딩은 정상적으로 서 있을 수 없다. 조형적 요소를 충족하면서도 빌딩의 물리적인 기반을 세워 안전을 확보하는 구조공학자의 역할이 매우 중요한 것이다.

보안 설계도 마찬가지이다. 겉으로만 화려한 제품과 고사양의 시스템을 배치했지만 그에 걸맞은 운영과 관리가 없다면 내실을 조금만 들여다봐도 얼마나 비효율적인 구조인지 알 수 있다. 모든 보안 제품과 시스템이 전체적으로 용도에 맞게 적절히 구성되어 있어야 효율적이고 제대로 된 보안 체계를 구축했다고 할 수 있다. 전문가의 보안 디자인이 결여된, 보안 제품들의 컬렉션은 외화내빈外華內貧일 뿐이다.

5

chapter

기업 보안을 위한 시큐리티 매니지먼트, 어떻게 할 것인가

01 4차 산업혁명 시대의 기업 보안

지난 한 해 동안 4차 산업혁명이 크게 화두가 되었다. 암호화폐의 광풍과 함께 블록체인[block chain] 기술도 크게 주목받았으나 지금은 잠시 주춤해진 모양새다. 그러나 블록체인 기술은 암호화폐가 나오기 이전에 개발된 기술로 앞으로도 다양한 분야에서 활용할 가능성이 무궁무진한 기술이다. 4차 산업혁명 기술로 대변되는 사물인터넷(IoT), 인공지능(AI), 빅데이터, 생체인식, 블록체인 등은 글로벌 기업들이 나서서 기술 개발에 열을 올리고 있는 분야로 여전히 현재 진행형인 기술들이다.

4차 산업혁명은 세계경제포럼(WEF)[World Economic Forum]을 창설한 클라우스 슈밥[Klaus Schwab] 회장이 2016년 포럼에서 핵심 의제로 다루면서 알려진 개념이다. 우리나라에서는 이세돌 9단과 알파고의 바둑 대결을 계기로 대중에게 널리 알려졌다.

1차 산업혁명은 증기기관 기반의 기계화 생산으로 대표된다. 이후 전기를 이용한 대량생산이 본격화된 2차 산업혁명, 인터넷과 컴퓨터의 발전으로 자동화된 생산 시스템을 만들어낸 정보화시대를 3차 산업혁명으로 규정한다. 4차 산업혁명은 디지털 기술과 IT 기술, 물리적 기술 등의 개별 기술이 서로 융합하는 기술혁명의 시대라고 할 수 있다.

필자는 개인적으로 ICT 기반의 비즈니스 모델에 많은 관심을 두고 있으며, 실제로 모빌리티 플랫폼 서비스를 기획하기도 했다. 해당 비즈니스 모델은 스타트업 정부지원사업에 선정되기도 했다. 그런 관심 때문에 스타트업과 관련된 다양한 세미나와 콘퍼런스, 네트워킹 행사에 참석하곤 했다. 4차 산업혁명이라고 불리는 기술에 많은 관심을 쏟아내는 사회적 분위기와 정부의 정책적 분위기를 반영하듯, 다양한 곳에서 관련 기술을 많이 다루는 것을 새삼 느낄 수 있었다. 그러나 한편으로는 우리나라에서 유독 열풍을 일으키던 4차 산업혁명의 실체적 개념에 대한 문제 제기와 지나친 마케팅 용어화에 대한 우려 섞인 전문가의 지적도 있다.

일부 전문가들은 4차 산업혁명이 이전의 산업혁명과 같이 산업 생산성의 혁신적인 증대와 같은 변화가 아니라, 비약적으로 발전하고 있는 디지털 기술의 연장선상에 있는 것이라고 평가한다. 이전 시대와 확연히 구분되는 혁명적 변화라기보다는 그 이전부터 축적되어 온 섬진적이고 연속적인 기술혁신의 과정이라는 것이다. 일부의 그런 시각에도 불구하고 최근 양상을 보면 기존의 산업혁명과는 다른 분명히 변화를 들 수가 있는데, 4차 산업혁명은 이전과 같은 제조의 혁명적 변화가 아니라 전통적인 산업 영역의 경계를 넘나드는 새로운 디지털 기술의 혁명이란 점이다.

4차 산업혁명 시대를 맞아 기업 보안과 관련해서 주목해야 될 만한 키워드를 꼽아 보자면 '초연결 사회Hyperconnected Society'를 들 수 있을 것 같다. 초연결 사회는 4차 산업혁명 시대를 관통하는 큰 흐름 중 하나이다. 초연결 사회는 모든 사물이 통신망에 연결되어 정보를 주고받는 사물인터넷에 기반을 두고 있다. 사물인터넷은 우리의 삶을 보다 편리하고 윤택하게 할 것임은 분명하다. 그러나 그 이면에는 새로운 형태의 보안 위협이 등장할 것이라는 우려가 있었고, 이는 이미 현실이 되고 있다.

이전에는 통신망과 연결할 필요가 없었던 것들이 이제는 디지털 기능을 입고 나온다. 사물과 사물의 연결은 단순한 점 대 점의 개념이지만, 그 연결을 하나씩 확장할수록 복잡성은 가속된다. 수많은 기기를 연결하는 환경에서는 과거에 존재하지 않았던 완전히 새로운 방식의 침해나 공격이 빈번해질 가능성이 높아진다.

이제 보안 시장에서도 온라인과 오프라인의 경계가 점점 허물어지는 추세이다. 기업 보안을 위한 다양한 시스템과 제품도 인터넷 연결이 필수적이다. 이는 물리 보안과 정보 보안이 별개의 문제로 다루어지지 않는 현실이 눈앞에 다가왔음을 보여준다. 경계가 허물어진다는 것은 온라인과 오프라인을 사실상 하나의 영역으로 보아야 한다는 것을 의미한다.

4차 산업혁명의 시대가 가속될수록 물리 보안과 정보 보안의 경계가 희미해지고 융합 보안의 중요성이 더욱 커질 것으로 전망된다. 이처럼 변화하는 시대와 함께 나타나는 새로운 위협에 대처하기 위해서는, 변화의 흐름을 예의 주시하여 새로운 시대에 맞게 보안을 재해석하고, 선제적으로 패러다임을 전환해 나갈 수 있는 역동성이 필요하다.

02 기업 보안의 총괄 기획 관리, 최고보안책임자(CSO)

오늘날 기업의 경영 환경은 예측하기 힘든 다양한 위험에 노출되어 있다. 예고 없이 찾아오는 위기에 대한 관리 능력이 어느 때보다 중요하다. 글로벌 기업들은 오랜 시간의 시행착오를 통해 위기 관리 능력을 키워왔다. 체계적인 프로세스를 갖추고 전사적인 위기 관리 시스템을 구축했다. 그 중심에 최고보안책임자(CSO)^{Chief Security Officer}가 있다.

기업 보안^{Corporate Security}은 궁극적으로 기업을 안전하게 하는 것이다. 기업의 안전이라는 추상적인 개념은 기업의 자산 보호와 위기 관리 업무를 명확히 정의하고 목표를 분명히 함으로써 구체화된다. 전사적인 보안 프로세스를 유기적으로 결합하고 긴밀하게 작동시켜 기업 안전의 완성도를 높이는 것이 최고보안책임자의 역할이다. 최고보안책임자는 기업 보안의 총괄 기획자이자 관리자인 셈이다.

2004년 초대형 쓰나미가 인도네시아 수마트라 해안을 덮쳤다. 수많은 사상자가 발생했다. 딜로이트^{Deloitte}의 글로벌위기관리실(GSO)^{Global Security Office}을 총괄하는 돈 에인슬리^{Don Ainslie}는 곧바로 팀을 이끌고 인도네시아로 날아갔다. 그 지역에 머물던 직원들의 생사를 일일이 확인했다. 25개나 되는 여행사를 연계해 정보를 구했다. 실종되거나 도움이 필요한 직원을 포함해 모든 직원의 소재를 파악하는 데 많은 어려움을 겪었고 시간도 많이 걸렸다.

그 일 이후 전 세계 수많은 직원의 해외 이동 데이터를 중앙 집중화했다. 도움이 필요한 직원의 위치 추적을 자동화한 트래블 로케이터^{Travel Locator} 프로그램을 글로벌위기관리실에서 운영하는 사이트에 구현했다.

"우리는 쓰나미 경험에서 많은 것을 배웠고 그 경험을 토대로 적용했다. 프로그램을 도입하고 나서 실시간 동기화는 물론이고 실질적으로 효과도 아주 좋았다."[37]

한번은 자정이 다 된 시간에 에인슬리의 전화벨이 울렸다. 필라델피아 사무실에서 근무하는 동료였다. 그는 CNN뉴스를 보다가 스페인 마드리드에서 대형 화재가 발생했다는 속보를 보고 전화한 것이다. 화재가 난 빌딩은 딜로이트 회원사의 건물이었다. 거의 동시에 글로벌 CEO(최고경영자)는 스페인 본부의 CEO로부터 상황을 보고 받았다.

"우리는 그 내용을 확인하고 대책 마련에 들어갔다. 위기관리팀은 재난대응계획(DRP)Disaster Response Plan에 따라 곧바로 움직이기 시작했다."[38]

에인슬리는 12년간 대테러 전문가, 미국 정보기관 컨설턴트 등의 경험을 쌓은 위기 관리 전문가다. 실종자 수색이나 재난 대응은 그가 관리하는 업무 중 일부에 불과하다. 그는 글로벌 회원사의 여러 부서와 긴밀하게 협력하며 인적 자산과 정보 자산 관리, 리스크 평가, 관련 법률 업무를 함께 다룬다. 또 매주 최고경영진에게 전 세계 회원사의 경영에 영향을 미칠 수 있는 경제적, 지정학적 환경과 위험평가 동

37) William G. Parrett, 『The Sentinel CEO: Perspectives on Security, Risk, and Leadership in a Post-9/11 World』, Wiley, 2007

38) William G. Parrett, 『The Sentinel CEO: Perspectives on Security, Risk, and Leadership in a Post-9/11 World』, Wiley, 2007

향을 브리핑한다.[39)]

　이처럼 글로벌 기업의 보안 업무는 역할과 책임이 구체적이고 광범위하다. 최고보안책임자는 전사적인 보안 정책과 전략을 수립하고 실행을 위한 표준 절차와 지침도 마련한다. 과거 기업의 VIP 프로텍션과 물리 보안 체계를 수립하던 업무 영역에서 진화한 최고보안책임자의 역할은, 이제 글로벌 기업에서 국제적 위기 관련 동향을 CEO에게 직접 보고하고 의사 결정에 필요한 정보를 제공하는 고급 관리직의 역할로 자리 잡았다.

최고보안책임자의 기업 보안 업무 영역

　글로벌 기업에서 분류하는 기업 보안 업무의 구성 체계를 통해 최고보안책임자의 역할과 업무 범위를 확인해보자. 외국 기업에서 정의하는 최고보안책임자의 업무 영역은 국내 기업에서 다루는 것에 비해 훨씬 포괄적이다. 축적된 경험과 시행착오를 통해 자리잡은 업무 영역이다. 이제는 국내 기업도 여기저기 분산되어 있는 관련 영역을 효율적으로 통합할 필요기 있다. 기업 보안 업무의 효과직인 직용을 가능하게 하는 체계적인 관리가 필요하다. 이는 최고보안책임자를 정점으로 하는 짜임새 있는 업무 구성을 통해 이루어질 수 있다. 업무 내용의 일부는 국내 기업의 실정에 맞게 해석하였다.

---

39) 최진혁, 「임직원의 안위를 사수하라」, DBR 55호, 2010년 4월.

VIP 경호 & 경영진 보호^{VIP Protection & Executive Protection}

기업의 총수나 경영진은 회사에서 가장 중요한 인적 자산이다. 기업의 성장과 경영 연속성 측면에서 중요한 보호 대상이다. 외국 기업은 고위 임원의 안전까지 경영진 보호 프로그램^{Executive protection program}으로 관리한다. 국내의 경우 총수나 CEO의 신변 안전을 독립된 팀에서 맡는 경우가 대부분인데 최고보안책임자라는 하나의 큰 틀에서 운영하는 것이 효과적이다. 최고보안책임자는 기업의 상황에 맞는 여러 가지 요소를 고려하여 보호 프로그램을 수립한다. 경호 운용 매뉴얼, 사무실 및 거주지 경비 계획, 도청 방지 및 탐지 프로세스 운영 계획, 출장 및 여행지의 안전 관리 계획 등을 포함한다.

VIP 정보 보호^{VIP Information Protection}

총수나 경영진에 관한 정보의 보안 리스크를 기술적인 방법으로 관리한다. 인적 요인, 사고, 재난 등의 외부 위협으로부터 기밀 정보나 개인 정보의 보안을 유지하고 관리한다.

위험성 평가 및 완화^{Risk evaluation & Mitigation}

회사를 위협할 수 있는 사안의 수준과 발생 가능성을 평가한다. 해외 출장 직원에게는 해당 국가의 치안 정보와 유의 사항, 최근의 사건 발생 유형, 긴급 상황 발생 시 행동 요령 등 적합한 정보를 제공한다. 해외에 진출한 경우 해당 국가의 안보 동향과 치안 정보를 수집한다. 정국이나 치안이 불안정한 국가에 대규모 해외 체류가 필요한 사업은 안전관리 전담팀을 구성, 파견하여 현지 직원들의 안전을 확보한다. 세계적 하드디스크 제조업체인 미국의 시게이트 테크놀로지^{Seagate Technology}는 모든 계열사 임직원은 미국의 금수조치^{embargo} 목록이 명시한 국가로 출장을 가지 못하도록 하는 정책으로 임직원의 안전을 관리하고 있다.

보안 정책 및 절차 Security policies & procedures

보호해야 할 자산이 무엇인지 확인하고 취약성을 분석한다. 분석 결과를 바탕으로 필요한 보안 요소를 지정하고 자원 투입의 우선순위를 선정한다. 기업의 문화와 업무 프로세스에 녹아드는 정책 및 절차를 수립한다. 기존의 운영상 제기되는 문제점을 검토하고 좋은 보안 정책과 절차, 즉 보안의 필요성과 그에 따른 책임, 준수해야 할 사항이 무엇인지 쉽게 알 수 있는 정책을 제시한다.

위기관리 및 비상 계획 Crisis Management and Emergency Planning

재난이나 사고 등 비상 상황에 대비한 계획을 수립한다. 테러나 화재, 자연 재해, 인터넷을 통한 악성 공격 등 유무형의 위기 상황에 대비한 업무연속성계획(BCP)Business Continuity Planning을 수립한다. 업무연속성계획은 비상대피계획(EEP)Emergency Evacuation Plan과 재난대응계획(DRP)Disaster Response Plan을 포함한다. 여기에는 재난이나 화재 시 임직원들이 신속하게 대피할 수 있는 구체적인 프로세스, IT인프라의 비상 운영과 복구 계획이 담겨 있다.

물리 보안 Physical Security

물리 보안 시스템을 설계하고 구축한다. 출입 통제 시스템, 영상 감시 시스템, 침입 탐지 시스템 등 전체적인 물리 보안 장비 및 시스템의 설치와 운영을 기획한다. 정보, 시설, 장비 등 기업의 자산을 보호하고 무단 침입 및 탈취에 대비한 물리적 관리 체계와 지침을 수립한다. 보안 요원의 근무, 교육 훈련 등을 감독하고 표준 운영 절차 (SOP)^{Standard Operation Procedure}를 평가한다.

정보 보안^{Information Security}

정보 자산 및 기술을 보호하기 위해 정보 보안 관리 체계를 수립하고 보안 솔루션 구축하여 운영한다. 비즈니스 변화에 따라 발생할 수 있는 잠재적 보안 위협과 니즈에 선제적으로 대처하기 위한 프로그램이나 프로젝트를 실행하여 침해 사고를 미연에 방지한다. 그리고 보안 사고 발생 시 원인을 규명하고 재발 방지를 위한 계획을 수립한다. 이러한 정보 보안과 관련된 모든 사항이 원활하게 실행되도록 관리한다.

보안 교육 및 컨설팅^{Security education & Consulting}

전 임직원을 대상으로 보안 의식을 함양할 수 있는 교육을 기획하고 보안 준수 사항의 실행 여부를 점검한다. 보안은 자발적으로 받아들이기 편한 주제가 아니기 때문에, 일방적 소통보다는 자연스럽게 인식하고 실행할 수 있도록 효과적인 교육 방안을 연구하고 개선해 나가는 노력을 병행한다.

사건 사고 관리 및 조사^{Incident Management & Investigation}

사내 폭력, 성범죄, 직원의 비리 및 부정 행위 등 회사 내 사건 사고와 기업 이미지에 악영향을 미칠 수 있는 문제를 조사한다. 직원이 관여한 내부 부정이나 비리 문제는 외부에 알려질 경우 중요한 내부 정보가 유출될 우려가 있고 평판에도 악영향을 미칠 수 있다. 따라서 철저한 보안을 유지하면서 기업 보안의 영역에서 관리할 필요가 있다.

외국 기업의 최고보안책임자(CSO)는 국내 기업과 비교가 안 될 정도로 많은 업무 영역을 관장한다. 비상 상황이 발생했을 때 효과적으로 대응할 수 있는 역량은 기업의 평판과 시장가치에 많은 영향을 미친다. 작년에 있었던 국내 최대 규모의 정보통신업체 통신구^區 화재 사건만 봐도 알 수 있다. 이 화재로 서울의 몇몇 구 일대의 통신과 인터넷, 카드 결제 등이 한동안 마비되었다. 피해보상 등의 문제로 후폭풍도 만만치 않다. 기업의 평판과 이미지 하락처럼 눈에 보이지 않는 손실도 뒤따른다. 이처럼 대응 능력의 한계를 드러낸 사고는 일일이 열거하기도 힘들 만큼 많은 사례가 있다.

물론 모든 기업이 위에 열거한 요소를 전부 비중 있게 다루어야 하는 것은 아니다. 기업의 특성과 사업 환경에 따라 중요한 요소만 선택하여 집중 관리하면 된다. 최고보안책임자는 이러한 요소들을 관리할 수 있는 전문성과 역량을 갖춘 조직을 구성하여야 한다. 그리고 계열사 보안 담당자에게 기업 보안 프로세스의 일관된 구현을 보장하는 데 필요한 표준 정책과 지침을 제공하고 관리하는 전사적인 기업 보안의 컨트롤 타워 역할을 하여야 한다.

03 융합 보안으로 융화시켜라

물리 보안^{Physical Security}은 전통적으로 기업 보안이나 산업 보안의 주를 이루는 보안 영역이었다. 정보 자산의 중요성이 점차 부각되면서 컴퓨터나 네트워크상의 정보를 보호하는 새로운 도구와 지식이 필요했고 이러한 영역이 분리되어 현재의 정보 보안[Information Security]으로 발전하였다. 이후 대부분의 조직에서 물리 보안과 정보 보안은 별개의 영역으로 다루어졌다. 그러나 이러한 인식은 기업 보안의 중요한 두 축인 물리 보안과 정보 보안을 모두 위태롭게 할 수 있는 문제를 안고 있다. 서로가 없이는 완전할 수 없다. 물리 보안과 정보 보안이 상호 보완하지 않으면 기업 보안의 안정성을 보장할 수 없다.

보다 완벽한 기업 보안을 위해서는 큰 틀에서 물리 보안과 정보 보안을 하나의 통제된 시스템으로 결합하여야 한다. 새롭게 나타나는 보안 위협은 예전처럼 단순하지 않다. 기업 보안을 위협하는 문제는 복합화 된 형태로 나타난다. 특정한 영역의 보안 기술만으로는 새로운 보안 위협에 대응하기 힘들어진 것이다. 컴퓨터 방화벽을 아무리 강화해도 출입 통제가 허술한 문으로 걸어 들어가서 하드디스크를 빼간다면 정보 보안은 무용지물이다. 마찬가지로 출입통제시스템을 아무리 강화해도 네트워크를 해킹하여 출입 통제 권한을 탈취하면 물리 보안의 한계는 여실히 드러난다. 이처럼 물리 보안과 정보 보안은 막아 낼 수 있는 영역이 서로 다르다.

각각의 보안 체계를 철저히 수립하고 운영한다 하더라도 서로 연계되지 않으면 복합적인 위협에 효과적으로 대응하기 힘들다. 전사적인 기업 보안을 위해서는 유기적으로 결합된 보안 운영 체계가 필요하다. 이처럼 물리 보안과 정보 보안의 경계를 허물고 각각의 영역을 밀접하게 결합할 필요성이 커지면서 등장한 개념이 융합 보안[Convergence Security]이다. 물리 보안과 정보 보안의 통합이라기보다는 화학적 결합에 가깝다.

스미토모 미쓰이 은행Sumitomo Mitsui Bank 런던 지사는 강력한 정보 보안 체계를 구축하고 있었다. 그러자 해커들은 먼저 보안 책임자와 결탁해 은행에 침입했다. 수백만 파운드를 송금하는 데 사용하는 직원의 컴퓨터에 USB를 연결하여, 키보드에서 로그 정보를 추출할 수 있는 키로거Key logger를 설치했다. 이를 이용해 직원의 로깅 정보를 탈취한 이들은 도시바Toshiba와 노무라홀딩스Nomura Holdings 등 은행의 고객사 계좌에서 2억 2900만 파운드(약 3450억 원)를 빼돌리려고 시도했다. 해커 일당이 이체 정보를 입력하는 도중에 실수해 결국 무위로 돌아갔지만 2008년 영국 런던에서 실제 있었던 사례이다.[40]

이처럼 물리 보안과 정보 보안의 취약점을 교묘하게 파고드는 복합적인 위협에 효과적으로 대응하기 위해서 융합 보안의 역할이 중요하다. 융합 보안은 물리 보안과 정보 보안의 효율성을 향상하고 전사적 차원의 위협을 관리할 수 있는 보안 체계를 구축하는 데 반드시 필요한 요소가 되고 있다.

04 100% 완벽한 보안은 없다

'창과 방패'라는 뜻의 모순矛盾이라는 단어가 있다. 모순에 관한 일화는 잘 알려져 있다. 그래도 간단히 얘기해 보자면, 중국의 전국 시

---

40) Richard Edwards, "'Lord' masterminded plot to steal £229 million by hacking into City bank computers", <The Telegraph>, 2009.01.22.
https://www.telegraph.co.uk/news/uknews/4307731/Lord-masterminded-plot-to-steal-229-million-by-hacking-into-City-bank-computers.html

대 초楚나라에 한 무기 상인이 있었다. 그는 창과 방패를 팔러 시장에 나갔다. 그는 가지고 온 방패를 들고 큰소리로 외쳤다.

"이 방패는 단단하기 이를 때가 없어 어떤 창이라도 막아낼 수 있습니다."

그리고 다시 창을 들고 외쳤다.

"이 창은 날카로움이 천하 제일이라 어떤 방패라도 뚫을 수 있습니다."

그러자 구경꾼 중에 한 사람이 물었다.

"그 날카로운 창으로 그 단단한 방패를 찌르면 도대체 어떻게 되는 거요?"

그러자 상인은 말문이 막혀 급히 자리를 떠났다.

기업 보안은 방패와 같은 역할이다. 경호, 물리 보안, 정보 보안을 막론하고 보안 분야에서 가장 많이 사용하는 이미지가 방패인 것만 봐도 알 수 있다. 보안이라고 하면 저마다 자연스럽게 방패를 먼저 떠올리게 된다. 모순에서 초나라 무기상이 자랑한, 어떤 공격도 막아낼 수 있는 방패는 아쉽지만 아직까지 존재하지 않는다. 보안 분야에서 잔뼈가 굵은 전문가들은 한결같이 완벽한 보안은 없다고 말한다. 기업의 보안 시스템에서 확신할 수 있는 유일한 한 가지는 바로 어떠한 시스템도 100% 안전하지는 않다는 것이다.

기업의 VIP 프로텍션Protection은 총수나 CEO(최고경영자)의 정상적인 업무 수행에 악영향을 미칠 수 있는 요소의 발생 가능성을 최소화하는 작업이다. 이는 경호대상자의 신변을 보호하는 행위로 대표된다. 미국 대통령의 경호를 담당하는 비밀경호국Secret Service도 경호는 "실제적이고 주도 면밀한 범행의 성공 기회를 최소화하는 것"이라고 정의한다.[41]

즉 범행의 성공 기회를 완벽하게 제거하는 것이 아니라 최소화한다고 규정하고 있다. 성공과 실패를 장담할 수 없는 환경에서 무조건 완벽할 수 있다고 하는 것은 어떻게 보면 오만한 것일지도 모른다.

물리 보안에서 자산 보호를 위한 위험 관리의 개념은 발생 확률과 피해 정도를 조정하여 위험을 통제 가능한 수준으로 낮추고 피해를 감소시키는 것이다. 발생할 수 있는 여러 가지 요소 중에 발생 가능성^{Probability}과 충격^{Impact}이 아주 높은 위험은 보험으로 위험을 분산하는 등의 방식으로 회피^{Avoidance}한다. 발생 가능성과 충격이 아주 낮은 위험은 감수하는 방식으로 수용^{Acceptance}한다. 이처럼 위험을 통제 가능한 수준으로 완화한 다음 효과적으로 관리할 수 있는 보호조치를 취하는 것이 기본적인 위험 대응 전략이다.

기술로 보안 문제를 해결할 수 있다고 생각한다면 문제와 기술 모두를 이해하지 못하는 것이다.[42]

미국의 저명한 정보 보안 전문가인 브루스 슈나이어$^{Bruce\ Schneier}$는 완벽한 시스템이나 만병통치약 같은 보안 기술에 대한 환상은 경계해야 된다고 이렇게 강조했다. 국내의 한 정보 보호 전문가는 "30년간 개발자로 살아오면서 배운 것은 시간이 충분하다면 보안은 반드시 실패한다는 것"이라고 말한다.

보안 시스템과 기술은 공격을 언제까지 막아내는 것이라기보다는 지연시키는 것이라고 하는 게 더 적절할 수 있다. 물리 보안의 이론 중에 '4Ds'의 개념이 있다. Deter^{억제}, Detect^{탐지}, Delay^{지연}, Deny^{부정}가 그

---

41) 최선우, 『경호학』, 박영사, 2017.

42) 브루스 슈나이어 저, 채윤기 역, 『디지털 보안의 비밀과 거짓말』, 나노미디어, 2001.

것이다. 위험을 완화하는 전략을 설명하는 개념으로, 모든 물리 보안 요소는 4Ds의 기능적 역할을 가지고 있다. 은행 금고를 둘러싼 두꺼운 콘크리트 벽이나 강철문, 잠금장치, 보안 요원은 4Ds의 어떤 기능에 해당한다고 생각하는가? 모두 지연^{Delay}시키는 것이다. 시간만 충분하다면 다 뚫을 수 있다. 사실 많은 물리 보안 시스템의 기능은 지연시키는 것이다.

공격자는 한 번만 이기면 된다

보안에서 창은 방패를 한 번만 뚫으면 성공한다. 보안은 언제나 이겨야 하지만 공격은 한 번만 이기면 된다. 100% 성공하는 기업 보안이 어려운 이유이다. 정보 보안 개발자는 언제나 막아내는 보안을 구축해야 하지만, 해커는 단 한 번만 침입에 성공하면 된다. 보안 솔루션은 지속적으로 발전하지만 해킹 기술도 계속해서 진화한다.

그러나 어렵다고 포기하거나 중단할 수만은 없다. 위협을 정확하게 분석하고 보다 체계적인 대응 계획을 꾸준히 마련해야 한다. 기업의 정보 유출은 해킹보다 내부 직원이나 협력 업체 직원에 의한 경우가 더 많다. 기술에만 의존하는 것이 아니라 사람과 프로세스를 보안의 핵심으로 인식해야 하는 것이다. 이를 위해서는 조직 구성원 개개인이 자발적으로 참여할 수 있는 보안 문화를 만들고, 보안 정책 실행과 침입 탐지 및 분석, 대응 및 복구 각각의 프로세스 기반을 확립해야 한다.

이 책에서 완벽한 보안이라는 말이 두어 번 언급된다. 여기서 '완벽'이란 100% 완전함을 뜻하는 것이 아니라 추구하는 지향점을 의미한다. 튼튼한 방패를 만들기 위해서는 대장간 화덕에서 쇠를 달구고, 쇠가 달궈지면 모루라고 하는 쇳덩이 받침 위에 올려놓고 망치와 같은 메로 계속해서 두드린다. 달궈진 쇠를 메로 두드리는 것을 메질이라고 한다. 메질을 한 쇠를 찬물에 넣어 식히는 것이 담금질인데, 메질과 담금질을 여러 번 반복하면서 방패는 점점 모양이 갖춰지고 튼튼해진다.

기업 보안은 튼튼한 방패를 만들기 위해 끊임없이 메질과 담금질을 반복하는 과정의 연속이다. "승리는 가장 끈기 있는 자에게 돌아간다."는 나폴레옹의 말처럼, 보다 튼튼한 방패를 만들기 위해 끈질기게 매달려야 한다. 완벽하다고 속단하고 자만하는 순간 기업 보안은 무너진다.

05 기업의 규모와 특성을 고려한 시큐리티 매니지먼트의 운용

기업에는 여러 가지 자산이 있다. 자산을 보호하기 위한 손실 예방 활동은 먼저 기업이 보호하고자 하는 자산이 무엇인지 파악하고 그 가치를 평가하는 것에서 시작한다. 보호해야 하는 자산의 가치에 모든 기업이 일률적인 기준을 적용할 수는 없다. 기업의 규모와 특성 그리고 산업 분야에 따라 자산의 종류와 범위, 가치 기준이 다르기 때문이다.

어떤 자산을 어디까지 보호할 것인지, 자산의 가치 우선순위를 어디에 둘 것인지에 따라 각기 다른 기업 보안 계획을 설계하여야 한다. 이를 위해서는 위험 분석^{Risk Analysis}이 필수적이다. 위험 분석은 자산의 가치, 자산에 잠재적으로 영향을 미칠 수 있는 위협 그리고 취약성을 분석하는 단계로 위험을 평가하는 것이다. 자산^{Asset}, 위협^{Threat}, 취약성^{Vulnerability}은 위험을 구성하는 3요소이다. 자산, 위협, 취약성 분석을 통해 위험의 전체적인 볼륨^{Volume}이 결정된다. 기업 보안의 기능적 역할은 위험을 구성하는 3요소 중 취약성을 감소시키는 것을 기본으로 한다. 취약성이 감소하면 전체 위험의 크기는 줄어든다. 이처럼 위험 분석과 기업의 개별 보안 요구사항을 감안하여, 기업이 보다 안전해질 수 있는 최적의 보안 마스터플랜을 수립하는 것이 기업 보안의 핵심이다.

기업과 사업 형태의 규모와 특성에 맞는 기능적 요소의 취사 선택

기본적으로 기업의 규모와 특성에 따라 취해야 하는 보안 투자 전략에 차이가 있다. 기업마다 자산의 가치가 다르기 때문에 각 분야에 적합한 기업 보안의 기능적 요소가 필요하다. 예를 들어, 제조업 중심의 기업이라면 공장 시설의 물리 보안이 중요할 것이다. 또한 제품의 실물과 설계도나 도면 같은 자산의 보안 관리가 동시에 적용되어야 하므로 기술적, 관리적 접근 등을 융합하는 보안 기술이 요구될 것이다. 방산업체의 민감한 정보 자산이나 세계적인 첨단 기술들은 정보 관리 조직의 정책과 보안 솔루션 등에 포괄적으로 투자해야 한다. 연예기획사와 같이 인적 자산이 중심인 회사는 인적 자산의 안전 관리와 주변 환경 관리 측면이 중요할 것이다. 한류의 영향으로 활동 반경이 세계적으로 넓어진 만큼 다양한 문화에 대한 이해와 관리도 필요할 것이다.

각 기업의 사업 환경이 서로 다른 만큼 기업의 규모와 특성 및 다양한 내·외부적 요소를 고려하여 최적의 보안 투자 전략을 수립해야 한다. 기업 총수나 CEO의 경호를 중심으로 한 인적 자산 보호 프로그램과 물리 보안, 정보 보안 및 관리적 보안을 작고 단순한 프로그램을 구성할 것인지, 통합적인 관리 프로세스가 필요한 만큼 크고 복잡한 프로그램으로 구성할 것인지는 오너나 CEO의 의지나 따라 얼마든지 달라질 수 있다. 기업에 필요한 프로그램의 규모가 결정된 이후에 운용의 묘를 발휘하는 것은 전문가의 역할이다. 중요한 것은 몸에 맞지 않은 옷을 만들면 안 된다는 것이다. 상의만 만들어 놓고 몸 전체를 다 덮으려고 하거나, 반팔 티와 반바지만 입고 겨울을 버티길 기대하는 일이 생기면 안 된다.

6

chapter

기업의 VIP 프로텍션Protection, 어떻게 해야 하는가

01 보디가드^{Bodyguard}가 아니라 보안 전문가^{Security Professional}가 필요하다

기업의 경호 환경은 다른 경호 영역과 여러 가지 면에서 다르다. 일반적으로 경호학에서 분류하는 민간 경호^{Private Security}의 특징을 보면 경호 주체는 영리 기업, 대상은 고객, 법률 관계는 경호 계약에 의해 이루어진다고 설명한다. 쉽게 말해서 영리 기업인 사설 경호업체가 경호 업무를 의뢰하는 고객과 계약을 맺고 경호 서비스를 제공하는 형태를 민간 경호의 특징적인 형태로 규정한 것이다. 그러나 이러한 민간 경호의 개념은 기업의 VIP를 보호하는 기업의 경호 조직, 더 넓게는 포괄적인 기업 보안의 범주에서 운용되는 기업의 경호 업무를 제대로 설명하지 못한다.

기업 보안의 범주에는 여러 가지 업무 분야가 있다. 첫 번째 주요 업무는 총수나 CEO(최고경영자)의 신변을 보호하는 경호 업무이다. 경호 업무를 담당하는 조직은 경호 전문가들로 구성해야 한다. 어떤 상황에서도 VIP의 신변 보호라는 목표를 달성할 수 있는 경호원들로 이루어져야 한다. 신체적 능력과 지적 능력을 겸비한, 말 그대로 보디가드Bodyguard가 필요하다. 그러나 기업 보안에서 VIP 프로텍션의 목적은 신변 보호에만 한정되지 않는다. 어떠한 환경에서도 VIP가 최상의 업무 생산성을 유지할 수 있도록 하는 것이 보다 근본적인 목적이다. 그런 목적을 달성하는 데 필요한 여러 가지 관련 업무를 같이 결합해야 한다. 그러기 위해서는 기업 보안이라는 포괄적인 개념에서 경호와 관련된 업무를 결합하여 운영하고 관리할 수 있는 보안 전문가Security Professional의 역할이 필요한 것이다.

기업의 경호 환경이 기타 경호 영역과 다른 특징을 들자면, 첫 번째는 글로벌라이제이션Globalization이다. 국제화 또는 세계화이다. 기업의 경영 무대에는 국경이 없다. 어느 한 곳에 한정되지 않는다. 그러다 보니 전 세계를 다니는 비즈니스 출장이 많다. 개인적으로 많게는 1년에 200일 이상을 해외 출장과 지방 출장으로 보내는 경우도 있었다. 전 세계를 무대로 활동하는 대기업의 경우 전용기를 보유하고 활용하기도 한다. 전용기는 세계 각지에 있는 지사, 사업장, 공장 등을 원하는 시간에 언제든지 방문할 수 있게 한다. 공항만 있으면 세계 어느 곳이든 날아가서 필요한 곳을 찾거나 원하는 사람을 만나 사업을 논의할 수 있다. 국내 사업장을 방문할 때는 교통 체증에 시간을 낭비하지 않고 빠르게 이동할 수 있다는 장점 때문에 헬기를 이용하는 경우도 많다. 이처럼 국내외 출장과 이동이 수없이 많은 환경적 특징이 있다.

두 번째는 특정한 이해관계자Stakeholder들과의 연관성이다. 기업의 경우 회사의 주주나 근로자, 소비자, 하청업체 등 많은 이해관계자가 있

다. 그러다 보니 기업의 총수나 CEO는 다양한 이해관계자에게 노출
된다.

몇 년 전, 국내의 한 대기업 회장이 기념행사에 참석하기 위해 행
사장에 도착했다. 그런데 갑자기 나타난 시위대들이 몰려와 소란을
피우면서 입장을 막았다. 행사 시작 시간을 한참 넘겨서까지 행사장
에 들어가지 못했다. 결국 시위대를 피해 정문 출입구가 아닌 다른 층
출입구로 돌아서 입장해야 했다. 또 다른 대기업 회장은 재판에 참석
하기 위해 법정에 도착했는데, 일부 시위대가 해당 사건과는 아무런
관련이 없는 문제로 법정 안팎에서 소란을 피우고 위협을 가했다. 법
정 입구를 막고 사람들과 몸싸움을 하면서 면담을 요청하고 위력을
행사했다.43)

노사문제나 하청업체 문제로 회사나 자택 앞에서 시위가 벌어지기
도 한다. 집단의 이익과 요구를 관철시키기 위해 또는 협상을 유리하
게 이끌고 가기 위해 단체 행동을 하는 것이다. 많은 경우 직접적인
법적 책임이나 연관성이 없는데도, 자신들의 주장을 알리고 논란을
불러 일으키기 위해 가장 효과적인 방법으로 위력을 행사하는 것이
다. 그 외에도 개인적인 목적으로 근거도 없는 억지 주장을 펼치면서
호소하고, 버티고, 때로는 위협적인 상황을 연출하는 경우도 있다. 이
런 일 때문에 회사 집무실과 자택까지도 편안하고 안전한 장소가 되
지 못하는 경우가 많다.

서비스나 상품을 파는 기업에게는 소비자인 고객도 이해관계자가
된다. 한번은 호텔 체인을 운영하는 기업의 회장이 해외의 호텔 사업
장을 방문했다. 그때 한국인 한 사람이 프론트 데스크 직원에게 뭔가
불만스러운 일에 대해 따지고 있었다. 그러다 마침 해당 기업의 회장

---

43) 남기원, 최고경영자 수행경호 발전방안에 관한 연구, 중부대학교 석사학위논문, 2013.

이 지나가던 것을 발견하고는 응대하던 직원을 곤경에 빠뜨리기 위해 갑자기 고래고래 소리를 지르며 분위기를 험악하게 만들었다.

경호 조직 관리자 또는 최고보안책임자(CSO)^{Chief Security Officer}는 이러한 기업의 환경적 특성을 잘 이해하는 기업 보안 전문가여야 한다. 신변 보호와 의전, 사무실과 거주지의 보안 및 안전 관리, 출장이나 여행의 안전 관리, 개인 정보 보안 등의 요소를 포괄적으로 기획하고 운영·관리하는 것이 기업 보안 전문가, 즉 Security Professional의 역할이다.

"효과적인 경영진 보호 프로그램은^{Executive Protection Program}은 강인한 근육보다는 치열한 연구와 준비를 기반으로 해야 합니다. 한 사람은 강인한 육체와 총을 가지고 있고 다른 한 사람은 덜 강인하지만 위협이 구체화되기 전에 그것을 식별할 수 있는 준비가 잘 되어 있는 사람입니다. 그것이 보디가드^{bodyguard}와 보안 전문가^{Security professional}의 차이입니다. 우리는 여러 명의 보디가드와 한 명의 보안 전문가가 필요합니다."
경영진 보호 프로그램 컨설팅과 교육을 제공하는 보안 전문 기업의 CEO인 데이비드 카츠^{David Katz}의 말이다.44)

---

44) Daintry Duffy, 「The Six Things You Need to Know About Executive Protection」, CSO, Vol. 4, Apr. 2005.

02 드러내지 않는 기술, 그림자처럼 움직이는 경호 기술을 활용하라

경호학에서는 대개 '노출 경호', '비노출 경호' 그리고 '위장 경호'라는 용어를 사용하여 경호 활동 형태를 분류한다. 대충 짐작이 될 것이다. 노출 경호는 경호원들이 공개적으로 경호대상자의 지근거리에서 삼엄하게 경호하는 형태를 말한다. 잠재적인 위해 기도자, 즉 공격을 가하려는 의도를 가진 사람에게 심리적 부담을 주어 공격 시도를 미리 억제할 수 있는 효과가 있다. 그리고 실제 상황에 빠르게 대처할 수 있는 장점도 있다. 비노출 경호는 시선을 끌지 않는 자연스러운 복장과 분위기로 경호원의 신분 노출을 최소화하는 형태를 말한다. 위장 경호는 비노출 경호의 한 방법으로 어떤 장소나 행사에 어울리는 사람으로 위장하여 경호하는 기법을 말한다. 만찬장에서 경호원이 웨이터로 위장하고 경호 업무를 하는 것과 같다. 장소나 행사의 성격, 주변 상황 등을 고려하여 혼합된 형태를 활용하기도 한다.

비노출 경호와 관련된 재미있는 일화가 있어 소개한다. 해외 사이트에 한 네티즌이 올린 경험담이다.[45]

> 내가 말할 사람은 억만장자는 아니지만 부유하고 매우 유명한 사람이다. 나는 하와이 마우이^{Maui}섬에서 차를 몰고 가다가 해변가를 둘러보기 위해 내렸다. 해변가 근처를 산책하다가 주위를 둘러보았다. 근처에서 어린 소녀가 아빠처럼 보이는 사람의 모자를

---

45) https://www.quora.com/What-type-of-security-detail-do-people-like-Bill-Gates-Mark-Zuckerberg-Satya-Nadella-Warren-Buffett-Sergey-Brin-and-Larry-Page-move-around-with-to-avoid-being-kidnapped-for-ransom

장난으로 획 젖혔다. 순간 나는 깜짝 놀랐다. 그는 아놀드 슈워제
네거Arnold Schwarzenegger였고 소녀는 그의 딸이었다. 주지사인 그의
주위에 경호원으로 보이는 사람은 전혀 없었다. 나는 길 한복판
에서 그에게 인사를 건네며 악수를 청했다.

"슈워제네거, 오늘 어떠세요?"

그가 나를 보고 웃으면서,

"아주 좋아요. 당신은 어때요?"

하며 악수를 했다.

바로 그때 길 옆에서 턱수염을 기른 히피족이 슈워제네거를 보고
한껏 소리를 질렀다.

"사기꾼! 당신이 우리 연금을 훔쳐갔다! 사기꾼! 사기꾼!"

나는 순간 놀라서 멍해 있는데 흥미로운 일이 일어났다. 마치 버
튼을 누른 것처럼 해변 근처에 서퍼Surfer처럼 보이던 남자 여섯 명
이 어느새 아놀드와 그의 딸 주변을 둘러쌌다. 그중 한 명은 소리
치는 히피족 앞에 서 있었다. 그리고 20초도 안돼 검은색 SUV차
량 세 대가 나타나서 그들을 태우고 사라졌다. 재미있는 경험을
했다고 생각하는 와중에 문득 뭔가 이상하다고 느꼈던 점이 생각
났다. 해변의 다른 사람은 모두 샌들을 신고 있었는데 서퍼처럼
보이던 그 사람들은 샌들 대신 운동화를 신고 있었던 것이다.

경호는 조금 더 안전한 상황을 추구하는 것

우리나라에서 경호원이 같이 다닐 것 같은 사람을 꼽자면 대기업
총수나 사업으로 크게 성공한 사업가, 재력가들을 쉽게 떠올릴 수 있
을 것이다. 보통 사람과는 다른 생활 환경과 활동 반경을 가지고 있을
것이라고 짐작해 볼 수 있다. 일정 부분에서는 맞다. 그러나 많은 부
분에서는 그들도 일반적인 사람들과 특별히 분리되지 않은 채 살아간
다. 단골 식당에도 가고 극장에 영화를 보러 가기도 한다. 집 근처를
산책하기도 하고 누구나 찾는 관광지를 여행하기도 한다. 물론 개인
적인 성향이나 연령대에 따라 차이가 많이 나기는 하지만 평범한 시

민들과 완전히 분리된 삶을 살지는 않는다. 공소경호대상자와 차별되는 특징 중 하나이다. 이처럼 경호대상자가 일반적인 사람들과 부대끼는 환경에서 경호원은 비노출 경호를 기술적으로 잘 수행하는 것이 중요하다. 서퍼의 운동화처럼 완전히 드러나지 않는 것은 쉬운 일이 아니지만, 괜한 위화감을 조성하지 않도록 하는 자연스러운 움직임이 중요하다.

경호 작용은 경호대상자에게 위해危害를 가하는 행위에 대척하는 물리적인 행위로 귀결한다. 위해에 맞서 경호대상자를 대피시키든 대적을 하든 그 과정은 물리적인 행위로 이루어진다. 경호가 성공하기 위해서는 위해 기도자가 공격을 할 때, 공격이 경호대상자의 신체에 닿는 시간보다 경호원이 공격을 인지하고 무력화하는 과정이 더 빨라야 한다. 말이 쉽지 보통 어려운 일이 아니다. 경호가 성공할 확률을 높일 수 있는 가장 확실한 방법은 경호대상자와 물리적인 거리를 최소화하는 것이다. 쉽게 말해서 가까이 붙어 있는 것이 가장 확실한 것이다. 공격당하는 상황을 가정해 유지해야 하는 최소한의 거리에 대한 이론도 있지만 이론은 이론이다. 현실에서 항상 그런 상태를 유지하는 것은 여러 가지 여건상 쉬운 일이 아니다.

한순간도 놓치지 않고 경호원이 바짝 붙어 있는 것은 행사 성격이나 이동 간 상황을 고려하면 항상 가능한 그림은 아니다. 공격을 시도하는 순간을 탐지하는 일도 항상 완벽하게 해내기는 쉽지 않다.

미국 트럼프Donald Trump 대통령과 골프를 치던 일본 아베Shinzō Abe 총리는 골프장 벙커에서 나오다가 중심을 잃고 벙커 안으로 굴러 떨어진 적이 있다. 프랑스 니콜라 사르코지Nicolas Sarkozy 전 대통령은 군중과 악수를 하던 도중 누군가 어깻죽지를 확 잡아당겨 순간 끌려가는 수모를 당했다. 이탈리아 실비오 베를루스코니[Silvio Berlusconi] 전 총리는 광장에서 연설을 하고 나서 갑자기 날아온 조각상에 얼굴을 얻어 맞았다. 프랑수아 피용[François Fillon] 전 총리는 유세 도중 밀가루 테러를 당했다. 조지 부시[George W. Bush] 전 대통령은 이라크에서 기자 회견을 하던 중 기자가 던진 신발에 맞을 뻔했다. 그는 날아오는 신발을 직접 피해야 했다.

"암살, 납치, 혼란 및 신체적 상해로부터 경호대상자를 보호하고, 실제적이고 주도 면밀한 범행의 성공 기회를 최소화하는 것." 앞에서도 언급했듯이 미국 대통령의 경호를 담당하는 비밀경호국[Secret Service]이 규정한 경호의 정의이다.[46] 경호는 완벽하지 못할 수도 있지만 주어진 환경에서 가능한 완벽함을 추구하기 위해 노력하는 것이다.

03 비노출 경호의 완성도를 높이는 선발 경호를 활용하라

우리는 대중 매체를 통해 경호원들이 경호대상자 옆에서 수행하며 위엄 있게 경호하는 모습을 많이 접한다. 그러나 그런 모습은 경호 활동의 일부에 불과하다. 성공적인 경호를 위해서는 예방 경호 활동과 선발 경호의 역할이 무엇보다 중요하다. 위험이 발생하기 전에 위험의 근원을 제거하고 예방하는 것은 효과적이고 성공적인 경호 활동을 위해 반드시 필요한 요소이다.

---

46) 최선우, 『경호학』, 박영사, 2017.

미국의 기업 보안 전문가 마크 쉐브론Mark Cheviron의 얘기를 들어보자. "사전 예방은 발생한 위험을 잘 처리하는 것보다 중요합니다. 예를 들어 기업의 VIP가 심장 질환 병력이 있는 경우, 응급구조사(EMT)의 신속한 조치가 가능하도록 프로세스를 만들어 놓는 것이, VIP의 안전을 위한 최우선 과제가 될 수 있을 것입니다. 그러나 우리는 그보다 앞선 단계의 준비까지 갖추기 위해 노력해야 합니다. (...) 우리는 사무실과 전용기에 모두 제세동기defibrillator를 구비하고 있고 VIP의 혈액형과 알레르기에 대한 것까지 관리하고 준비합니다."47)

선발 경호는 예방 경호 활동의 수단이다. 선발 경호는 경호대상자가 목적지에 도착하기 전에 이루어지는 각종 안전 활동을 말한다. 기업의 경호에서는 특히 선발 경호의 역할이 중요하다. 앞서 기업의 경호에서 비노출 경호를 기술적으로 잘 수행하는 것이 중요하다고 강조했다. 선발 경호는 비노출 경호를 보다 자연스럽고 깔끔하게 만드는 기능적 역할을 한다.

예를 들어, VIP일행이 어떤 장소에 도착했을 때 경호대상자와 경호원들이 차에서 한꺼번에 우르르 내려서 움직이는 것보다 먼저 도착한 경호원들이 자연스럽게 경호 활동에 녹아드는 것이 훨씬 자연스럽다. 또 다른 이유는 사전에 주변의 안전을 확보하는 데 있다. 위화감 조성을 최소화하고 위해危害 상황이 발생하기 전에 예방하는, 예방 경호 활동 기법인 선발 경호를 성공적으로 수행하는 것이 경호 활동의 기본이다.

공식적인 행사일 경우, 사전 답사를 통해 각종 위험 요소를 확인하

---

47) Daintry Duffy, <The Six Things You Need to Know About Executive Protection>, CSO, Vol. 4, Apr. 2005.

고 안전 상태를 점검한다. 차량 승하차 지점 및 이동 동선, 좌석 배치 등의 상황도 점검한다. 그리고 교통 체증이나 시위 등의 상황에 대비한 우회로와 예비 출입구를 확보한다. 행사장 근처의 의료시설을 확인하는 것도 필수이다. 헬기를 이용하여 이동 시 헬기장 상황도 미리 점검하여야 한다.

비공식적인 만찬이나 예정에 없던 장소를 찾을 때도 선발 경호원이 먼저 도착해서 이동 동선, 화장실, 비상계단, 대피로 등을 파악해야 한다. 호텔이나 행사장 같은 경우, 비슷한 시간에 진행 중인 행사나 모임이 있으면 성격이나 분위기, 주변 인물 등의 특이 사항을 미리 확인하여야 한다. 경호대상자와 조우할 수 있는 인사들, VIP와 개인적으로 관계가 있는 사람들도 미리 파악해 놓는 것이 선발 경호의 역할이다.

경호대상자가 승하차 시 위험에 노출될 가능성이 높은 것도 선발 경호 활동이 중요한 이유이다. 어떤 장소에 도착했을 때 선발 경호원이 없으면, 경호대상자와 같이 도착한 경호원이 먼저 내려 문을 열어주는 정도는 가능하지만 짧은 시간에 주변 상황을 전체적으로 파악하기는 힘들다. 하차 지점 주변의 안전 확보에 공백이 생기고 추가적으로 발생할 수 있는 상황에 대한 대처도 미흡해질 수밖에 없다. 따라서 사전에 선발 경호원이 먼저 도착해서 주변의 환경이나 상황 등을 먼저 파악하고 안전을 확보해야 한다.

이처럼 '예방이 최선의 방어'라는 격언을 구체화하는 작업이 바로 선발 경호이다.

04 │ 위해자처럼 생각하라. 과학에만 시뮬레이션이 필요한 것은 아니다

　TV 뉴스에서 한 중견기업의 회장 아들에게 회사 돈이 사용되었다는 의혹을 제기하는 보도를 본 적이 있다. 자수성가한 회장이 회사를 크게 키운 것으로 잘 알려진 기업이었다. 의혹에 대한 사실 여부보다 눈길을 사로잡는 장면이 있었다. 뉴스 말미에 기자가 출근하는 회장에게 다가가 인터뷰를 시도하는 장면이었다.

　본사 앞에 차가 도착하고 회장이 내리는 와중에 뛰어온 여기자가 경호원으로 보이는 남자 두 명 사이를 요리조리 피해 순식간에 회장 앞에 섰다. 기자임을 밝히고 기습적으로 관련 내용을 질문했다. 그러자 그 상황이 불편했던 회장은 손을 뻗어 카메라를 가리려다가 곧 건물 안으로 황급히 들어가는 민망한 장면이 연출되었다.

　뉴스를 보고 몇 가지 문제가 눈에 들어왔다. 첫 번째는 경호 문제이다. 두 번째는 회사 입장에서 보면 참 볼썽사나운 장면이었을텐데, '왜 저렇게 뉴스에 그대로 나갈 수밖에 없었을까?'하는 것이었다. 사실 첫 번째와 두 번째 문제는 한 줄기라고 볼 수 있다. 세 번째는 전직 직원의 제보로 의혹이 불거졌다는 점이다. 자세한 연유야 알 바가 없지만 조금 아쉽다는 생각이 들었다. 그러나 그건 여기에서 다룰만한 사안은 아니라 그냥 넘어가야겠다.

　첫 번째 문제인 경호는 전략적으로 완전히 실패했다. 변명의 여지가 없다. 기자가 아니라 개인적인 불만을 품고 위해^{危害}를 가하려는 사람이었으면 어떻게 할 뻔했나? 기자의 인터뷰를 막지 못한 것이 문제가 아니라 회장 앞에 설 때까지 거의 인지조차 하지 못했다는 것이 문제다. 경호대상자의 바로 옆까지 근접했는데도 반사적인 반응조차 보여주지 못했다. 카메라를 가리려는 회장의 행동이 더 빨랐다.

경호 매뉴얼과 정보 공유, 이 두 가지에 문제가 있었을 것으로 추측한다. 인터뷰 장소는 출근하는 회사의 본사 입구였다. 출근은 거의 매일 반복되는 고정된 동선이다. 정해진 프로세스가 당연히 있어야 한다. 기습적인 상황에 대비한 계획과 역할 분담까지 되어 있어야 한다. 경호 운용 매뉴얼, 건물 경비 계획 등이 제대로 갖춰지지 않았거나, 있더라도 부실했을 것이다. 경호원의 사주 경계도 전혀 이루어지지 않았다.

정보 공유도 원활하지 않았던 것 같다. 뉴스에서 기자는 미국 현지의 사업장까지 직접 찾아가서 의혹에 대한 취재를 했다. 그렇다면 그런 내용이 분명히 한국 본사에 전달되었을 것이다. 어떤 사안으로 언론이 취재하고 있는지 분명히 인지했을 것으로 짐작해 볼 수 있다. 사안의 내용으로 볼 때 직접적인 관계자인 회장에게도 취재가 들어올 것은 충분히 예상할 수 있다. 그런 상황을 공유했다면 평소보다 더 주의를 기울였어야 한다. 기자가 회사 앞에 찾아와서 기업의 회장을 취재하고자 하는 시도는 기업의 규모에 따라 차이가 있지만 종종 있는 일이다. 그런 상황에 대한 시뮬레이션이 전혀 없었고 순간적인 대응도 적절하지 못했다.

언론과 긍정적인 관계를 형성하고 커뮤니케이션하는 것은 좋지만 때로는 불편하고 피하고 싶을 때도 있다. 더구나 의혹에 대한 해명을 요구하는 인터뷰는 누구나 껄끄럽고 마다하고 싶기 마련이다. 기업의 회장이 불편한 대면이라면 가능한 상황을 피해가거나 유연하게 넘어갈 수 있도록 보좌하는 것도 옆에서 수행하는 사람의 역할이다.

뉴스를 보면 카메라 기자를 포함한 세 명의 기자가 옆 건물 커피숍에서 기다리고 있다가 회장 일행의 차량이 도착하자 잽싸게 뛰어간다. 그리고 정확히 회장 앞에 서서 인터뷰를 시도한다. 아마 기자들은 회장이 출근할 때 차가 어디로 들어와서 어떻게 서는지, 어떻게 접근해야 할지 미리 확인했을 수도 있다. 사전에 이런 징후를 알았더라면 다른 출입구를 이용하거나 해서 기자들을 피해 들어갈 수도 있었을 것이다. 기자가 위해자危害者는 아니지만 총칼보다 무서운 게 펜 아닌가. 숨바꼭질을 해서라도 못 피할 것도 없다.

회장에게 취재가 들어올 것을 전혀 예상하지 못했다고 치자. 그래도 제대로 사주 경계를 하고 있었다면 갑자기 뛰어오는 여기자와 카메라 기자를 발견할 수 있었을 것이다. 여기자를 밀쳐내거나 할 수는 없지만 막아서면서 누구인지, 용무가 무엇인지, 카메라는 왜 찍는지 물으며 지체하면 잠시 시간을 벌 수 있다. 주위에 임직원들도 몇 명 있었다. 그 사이에 다른 사람은 회장과 동행해서 빨리 들어가면 된다. 손발만 잘 맞추면 여유 있게 대처할 수도 있었다. 전체적으로 미숙한 대응이 뉴스로 만들기에 아주 좋은 장면만 만들어 준 셈이다.

프라이버시와 주거의 평온

위와 같은 사례와 관련한 두 가지 이슈가 있다. 하나는 프라이버시와 관련한 초상권 문제이고 다른 하나는 취재가 이루어진 장소와 관련한 주거의 평온·안전 문제이다.

초상권은 자기 자신의 초상에 대한 독점권을 말한다. 헌법에 초상
권이라는 정확한 표현은 없다. 다만 법원은 "헌법 제10조는 헌법 제
17조와 함께 사생활의 비밀과 자유를 보장하는데, 이에 따라 개인은
사생활 활동이 타인으로부터 침해되거나 함부로 공개되지 아니할" 권
리가 있다고 판시하면서 헌법상의 권리로 인정하고 있다.[48] 좀 더 구
체적으로 초상권은 "자신의 얼굴이나 신체적 특징에 관하여 함부로
촬영 또는 묘사되거나[촬영·작성거절권] 공표되지 아니하며[공표거절
권] 영리적으로 이용당하지 않을 권리[초상영리권]"이다.[49]

위 사례에서 경호원은 해당 사안과 직접적인 관련이 없는 일반인이
고 단순히 본인의 업무를 하던 중이었기 때문에 어떤 목적이든 자신
을 촬영하는 것을 거부할 수 있다. 그래서인지 뉴스에서 경호원들은
모자이크 처리를 했다. 얼굴을 알아볼 수 없도록 모자이크 처리함으
로써 공표거절권은 침해되지 않았다고 볼 수 있다. 하지만 동의 없이
촬영한 부분, 즉 촬영·작성거절권의 위법성은 일반적으로 조각되지
않는다. 그러나 뉴스 보도의 공익적 목적을 들어, 동의를 받는 것을
생략해야 할 만큼 시급한 상황이었던 것이 인정되면 그 부분도 면책
될 가능성이 크다. 경호원의 초상권 문제야 사실 크게 중요한 것이 아
니니 그렇다 쳐도 취재 당사자인 회장의 초상권 문제는 또 다르다.

공적 내용의 보도는 국민의 알 권리를 우선하여 공인의 인격권이
어느 정도 제한할 수 있다. 보도의 내용이 사회적 관심사에 해당하고,
보도의 목적이 공익적이라면 개인의 인격권인 초상권을 침해하지 않
은 것으로 보는 것이다. 그렇다면 기업의 회장은 공인에 해당할까?

---

48) 대법원 1998. 07. 24. 선고, 96다42789 판결.
49) 대법원 2006. 10. 13. 선고, 2004다16280 판결.

우리나라에서 공인의 범주를 정확하게 규정한 법령은 없다. 일명 '김영란법' 등 몇 가지 법률과 시행령에 나와 있기는 하지만 구체적인 근거로 활용하는 데는 한계가 있다. 법무부 훈령 제774호인「인권보호를 위한 수사공보준칙」에도 공적 인물의 범위를 규정한 내용이 있는데, 기업인의 경우 "자산 총액 1조 이상의 기업 또는 기업집단의 대표이사"로만 규정하고 있다. 여기서는 기업인을 공인의 범주로 보는 기준을 아주 좁게 제시한 것으로, 판례와 학설에서는 보다 넓게 보고 있다. 대기업의 회장 또는 부회장이 공인으로 인정된 기존의 판례들이 있다. 2013년의 대법원 판결에서는 "공중의 정당한 관심의 대상이 되는" 인물로서 대기업 회장을 공인으로 보았다.[50] 초상권과 관련해 칼로 자르듯 정확하게 가를 수 있는 구체적인 기준은 없다. 그러나 정치인, 언론인, 대학교수, 연예인, 운동선수 그리고 심지어 어떤 사건으로 널리 알려진 사람까지도 사안에 따라 공인으로 인정한 사례를 보면, 단정짓기는 어려우나 중견기업 회장은 당연히 공인으로 인정될 수밖에 없지 않나 생각한다. 그렇게 보면 회장의 얼굴을 모자이크 처리하지 않아도 초상권과 관련해 문제될 것은 없다.

또 다른 이슈인 주거의 평온·안전에 대한 내용을 살펴보자. 타인의 건조물에 동의 없이 침입하거나 퇴거 요구에 응하지 않을 경우 주거침입죄에 해당한다. 건조물에는 주택이나 건물, 선박이나 항공기 등이 모두 포함된다. 초상권에서 보는 공인의 범위에 대한 해석보다는 훨씬 구체적이다. 권리 침해에 대응할 수 있는 보다 확실한 방법이다. 건물의 경우 그 주위의 대지도 포함된다. 인터뷰를 목적으로 주거지에 무단으로 들어갔다가 벌금형을 선고 받은 사례도 있다.

---

50) 대법원 2013.6.27. 선고 2012다31628 판결.

기자들이 취재를 시도하던 위치가 건물의 대지에 포함된다면 당연히 퇴거를 요청할 수 있다. 추측건대 인터뷰를 시도했던 장소는 해당 건물의 대지 경계선 안쪽이었을 것이다. 건물 1층에 해당 회사의 매장이 있어 일반적으로 누구나 자유롭게 출입할 수 있는 장소이긴 하지만, 매장을 방문할 목적이 아니었고 회사의 출입문 앞이었으므로 주거침입을 근거로 퇴거 요청을 했더라면 어느 정도 통하지 않았을까 하는 생각이 든다. 최소한 시간이라도 벌 수 있었을 것이다. 만약 묵시적으로라도 승낙이 없는 상태에서 건물 안으로 따라 들어왔다면, 상황은 보다 분명해졌을 것이다.

상상할 수 있는 모든 가능성에 대비하라

뉴스를 보고 나서 기자들이 여러모로 잘 준비했다는 생각이 들었다. 취재 기자들의 준비와 노력에 비하면 경호원이나 회사 담당자들의 대응력이 많이 부족했다는 것을 느낄 수 있다. 꼼꼼하게 설득력 있는 리포트를 만들고 마지막에 그런 모양새의 인터뷰 장면까지, 아쉽지만 제대로 한 방 먹은 셈이다.

물론 실패도 과정의 일부이니 경험을 통해 성장하면 된다. 여기서 법적인 부분은 전적으로 개인적인 판단이므로 정확한 법률적 해석은 아닐 수 있다. 다만 경호를 하는 사람들이 본인의 업무와 관련한 부분에서는 보다 디테일하게 들여다보고 깊이 있는 사고를 하였으면 하는 마음에 풀어보았다. 평소에 그런 사고의 조각들을 모아두면 언젠가 결정적인 순간에 빛을 발할 수 있을 것이다. 뉴스를 만들기 위해 어떻게 해서든 취재하는 것이 기자의 역할이라면, 역으로 어떻게 해서든 경호대상자의 안위를 도모하는 것이 경호원의 역할 아니겠는가. 존재의 당위성은 스스로 찾아내는 것이다.

"생각한 만큼 보이고 보이는 만큼 대처할 수 있다."는 격언이 있다. 경호원은 발생할 수 있는 모든 상황을 염두에 두고 시뮬레이션을 해야 한다. 상상할 수 있는 모든 가능성에 대비하고 계획을 세워 두어야 하는 것이다.

05 우군友軍을 활용하여 중첩重疊경호의 효과를 발휘하라

경호 활동을 성공적으로 이끌기 위해서 경호 책임자는 단순히 경호 대상자에 대한 직접적인 위해危害만 경계하는 시각으로 접근해서는 안 된다. 주변 상황을 전체적으로 통찰하고 그 속에서 부정적인 영향을 미칠 수 있는 작은 현상도 찾아낼 수 있는 시야를 가져야 한다. 평소에는 잘 드러나지 않지만 예상치 못한 일이 발생했을 때 대처하는 수준에서 그런 시야의 유무와 깊이가 확연히 드러난다.

기업의 총수나 CEO(최고경영자)의 경호 활동은 대규모 인력을 동원하는 공소경호와 달리 하나의 팀 단위로 이루어진다. 또한 주변을 통제하지 않은 일상적인 상황 속에서 이루어지는 경우가 많다. 예를 들면 총수나 CEO는 회사 집무실에서 많은 시간을 보내기도 하지만 다양한 행사에 참석하기 위해 호텔과 같은 서비스업장이나 외부 행사장을 방문하는 경우가 많다. 건강 관리를 위해 휘트니스센터를 이용하거나 골프장을 찾기도 한다. 그 외에도 식당이나 다중이용시설, 병원, 장례식장 등 여러 장소에 가게 된다.

이런 장소가 회사의 건물이나 회사 행사장이라면 대부분 회사 직원들로 붐비지만, 그 외의 장소는 일반적인 사람들이 많은 곳이다. 이런 공간에는 평상시 여러 사람이 만들어내는 자연스러운 흐름이 있다. 특별한 행사 때문이 아니라 일상적인 이유로 이런 장소를 찾았을 때 과한 경호를 하면, 자연스러운 공간의 흐름을 깨게 된다. 따라서 요란하지 않고 흐름을 최대한 깨지 않는 경호 기법을 활용하여 자연스럽게 활동하는 것이 중요하다.

회사가 주최하는 행사장이나 그룹사의 사업장의 경우, 경호의 장소적 측면에서 보면 비교적 안정적인 공간이다. 참석자나 상주하는 사람들의 성향이 대부분 우호적이라 볼 수 있기 때문이다. 회사와 관계가 없는 일반 다중이용시설과 달리 이러한 장소에선 공식적인 의전이 필요할 때가 아니면 최소한의 인원으로 자연스럽게 경호 임무를 수행하기에 유리하다.

이때 필요한 것이 우군友軍을 활용하는 방법이다. 쉽게 말해 우리 편을 활용하여 경호원이 노출되지 않게 하면서 경호의 기능적 효과는 정상적으로 유지하는 것이다. 팀 단위의 한정된 자원에 우군을 적절히 활용하여 중첩重疊경호와 같은 효과를 노리고 실질적인 경호원의 노출은 최소화할 수 있다.

우군은 항상 그 자리에 있었거나 새로 들어와도 어색하지 않은 것들을 말한다. 인적人的 우군으로는 보안 요원이나 호텔의 도어맨, 안내 직원, 행사 및 회사 관계자 등이 있다. 물적物的 우군으로는 차량을 들 수 있다. 주변의 구조물이나 시설물과 같은 지형지물을 활용할 수 있도록 물리 보안의 개념을 이해하는 능력도 물적 우군의 무형적 요소이다. 차량은 경호대상자가 어떤 장소에 들어가거나 나올 때 강력한 자연 방벽의 역할을 할 수 있고 필요한 경우에는 대피공간으로도 활용할 수 있다.

이처럼 그 자리에 있는 것이 어색하지 않은 사람이나 사물을 적절히 활용하면, 경호원은 경호대상자을 중심으로 우군과 비슷한 거리에서 자연스럽게 비노출 경호를 실시하며 경호 방벽을 형성할 수 있다. 또 어떤 상황이 발생했을 때 즉각적이고 신속하게 대응할 수 있다.

우군을 부가적인 경호 자원으로 활용하기 위해서는 평소에 우호적인 관계를 형성해 놓는 것이 좋다. 쉽게 말해 믿을 수 있는 우리 편을 만들기 위해서는 가끔씩 밥도 사고 얘기도 듣고 하면서 인간적인 유대관계를 형성해 두는 것이 좋다. 가용한 인적 자원을 활용하여 중첩 경호의 효과와 한정된 경호 인력을 보완하는 효과를 거둘 수 있다.

평소 자주 가는 장소의 주변인과 소통하는 것은 경호 정보 관리 차원에서도 필요하다. 평소에 수집해 놓은 정보가 잠재적인 위해 요소를 예측하는 데 도움이 될 수 있다. 그런 정보들을 통해 간과하거나 놓치는 부분을 최소화할 수 있다. 항상 그곳에 있는 사람들은 알게 모르게 많은 것을 보고 듣는다. 건물의 보안 요원, 경비원, 운전기사, 주차 관리원, 청소하는 분 등은 알고 보면 소소한 정보의 보고이다. 어떤 사람이 자주 오는지, 누가 다녀갔는지, 요즘 분위기는 어떠한지 다 알고 있다. 정보는 의외로 가까운 곳에 있다.

06 자연스럽게 녹아드는 경호를 하라

불확실성은 경호 위기의 특성 중 하나이다. 언제, 어디서, 어떤 형태로 위기가 발생할지 알 수 없다. 불확실성은 위해^{危害}를 가하려는 잠재적 위해 기도자에게는 장점이자 기회이다. 이에 맞서 모든 가능성을 열어 두고 대비하는 과정을 통해, 잠재적 위해 기도자의 운신의 폭을 줄여 나가는 것이 경호 활동이다. 경호는 보이지 않는 적과의 두뇌 싸움인 것이다.

사실 불확실성을 줄일 수 있는 가장 확실한 방법은 경호원이 물리적으로 경호대상자와 최대한 가깝게 있는 것이다. 여러 경호 기법을 활용한다고 해도 위해 시도에 맞서 대적하고 경호대상자를 대피시키기 위해서는 무엇보다도 경호원들이 가까이 있는 것이 가장 효과적이다. 누군가 경호대상자에게 위해를 가할 때 그 대상과 가장 가까이 있는 사람이 대적하는 것을 '촉수 거리의 원칙'이라고 한다. 공격을 인지하면 경고 → 방벽 형성 → 방호 및 대피 → 대적 및 제압의 순서로 대처하는 것이 기본적인 원칙이다.

그러나 경호 활동을 하다 보면 현실적으로 경호대상자에게 항상 가까이 붙어 있을 수는 없다. 특히 일반 대중과 수시로 접하는 상황에서 원칙만을 고수할 수는 없다. 물론 상황에 따라서 반드시 지켜야 하는 기본적인 원칙도 있지만 경호 지상주의에 빠지는 것은 경계해야 한다.

많은 사람이 참석하는 행사에서 경호원이 한시도 놓치지 않고 경호대상자 옆에서 근접 경호를 하게 되면 부자연스럽고 매끄럽지 못한 그림이 나올 수 있으므로 상황에 따라 적절하게 움직여야 한다. 예를 들어 기업의 총수나 CEO(최고경영자)가 어떤 행사에 참석하면 행사가 시작해서 끝날 때까지 한자리에 가만히 앉아 있는 것은 아니다. 행사 진행 순서에 따라 무대에 나가기도 하고 행사장 내에서 이동하기도 한다. 기업의 주요 행사는 행사장에 도착하면서부터 촬영 카메라가 따라붙기도 한다. 이처럼 도착해서 떠날 때까지 그때 그때 달라지는 다양한 상황이 존재한다.

따라서 행사의 성격이나 장소, 안전 확보가 취약한 시점과 상황, 그리고 카메라 앵글까지도 고려하여 판단하고 행동하는 임기응변적인 움직임이 필요하다. 이때 가장 중요한 것이 위치 선정과 타이밍이다. 위치를 잘 선정하기 위해서는 행사의 흐름을 잘 알고 동선을 미리 예측할 수 있어야 한다. 경호대상자가 움직이고 나서 위치를 찾으려고 하면 박자가 늦고 부자연스러워진다. 경호대상자의 안전을 확보하기 위해 필요한 시점에 자연스럽게 접근하고 빠질 수 있는 위치 선정과 타이밍은 많은 경험과 노하우가 필요하다.

경호 활동 중 순간순간의 판단은 스스로 해야 한다. 상황에 따라 적절하게 움직이면서도 고도의 집중력은 유지하여야 한다. 그렇지 못하면 순간적으로 경호대상자를 시야에서 놓치게 되고, 그런 순간에 돌발 상황이 발생하면 제대로 대처를 할 수 없다. 경호원은 물 흐르듯이 현장 상황에 자연스럽게 녹아들어 업무를 수행하면서도 본인이 담당하는 구역을 철저하게 경계할 수 있어야 한다.

07 작고 단단한 팀을 만들어라

1592년 4월 14일, 부산포에 첫발을 디딘 왜군의 선봉대는 이틀 만에 동래성을 함락하고 상주, 충주를 돌파해 한양으로 진격했다. 임진왜란 초기 육로를 통한 왜군의 진격은 거침이 없었다. 조선의 육군은 왜군의 파죽지세에 밀려 힘 한번 제대로 써보지 못하고 18일 만에 한양까지 내주고 말았다. 반면에 이순신 장군이 이끄는 수군은 수적으로는 열세였지만 옥포해전을 시작으로 모든 전투에서 승리하며 왜군을 격퇴했다. 이순신 장군의 수군은 말 그대로 작지만 강했다. 이처럼 작지만 강한 군대는 어떻게 해서 가능했을까?

강한 하드웨어와 뛰어난 전략, 그리고 한마음으로 결사 항전한 장졸將卒들이 있었기 때문이란 것이 대체적인 평가이다. 당시 조선의 주력함이었던 판옥선은 왜군의 군선에 비해 훨씬 크고 튼튼했다. 강한 재질의 소나무로 만들어 각종 화포를 실어 무장하기에도 충분했다. 반면 왜군의 주력 군선인 세키부네關船는 삼나무나 전나무로 만들어 몸체가 얇고 가벼웠다. 속도는 빨랐으나 무거운 화포를 실을 수 없었고 조선의 군선과 부딪히면 쉽게 깨졌다.

이순신 장군은 조선 수군의 강점을 최대한 살리는 전법을 구사했고 지형지물을 유리하게 이용하는 전술로 "승병선승이후구전勝兵先勝而後求戰", 즉 이길 수 있는 상황을 만들어 놓고 전투에 임했다. 근접전에 능한 왜군을 상대로 원거리에서는 각종 화포로 공격하여 기세를 꺾고, 근접전에서는 적의 군선을 들이받아 깨는 전법이 승리의 원동력이었다. 또한 이순신 장군의 휘하에서 악전고투한 수많은 장졸들의 노력과 희생이 있었기에 전투에서 단 한 번도 패하지 않은 불멸의 기록이 만들어질 수 있었다.

400년도 더 지난 역사이지만 현시대에도 여전히 시사하는 바가 크다고 생각한다. 팀 단위로 움직이는 기업 경호의 운용 측면에서도 영감을 얻을 수 있는 요소를 지니고 있다. 기업의 경호 환경에 강한 하드웨어를 내재하기 위해 필요한 것은 소수 정예화와 지속적인 교육 훈련이다. 여기에 리더의 효과적인 전략과 공동체 의식을 바탕으로 한 팀워크가 더해지면 더할 나위 없는 최정예 경호 조직을 만들 수 있다.

소수 정예화를 위해서는 직무와 관련해 우수한 역량과 지식을 갖춘 전문 인력이 필요하다. 조금 부족하더라도 성장해 나갈 수 있는 자질과 인성을 갖춘 사람을 뽑는 것도 대안이 될 수 있다. 그 다음 필요한 것은 교육 훈련이다. 우수한 인적 자원을 선발하는 것만큼이나 지속적인 교육 훈련은 반드시 필요하다. 실무 지식과 기술, 마음가짐, 충성심 등을 키울 수 있는 교육 훈련 없이는 조직이 제대로 발전할 수 없다. 효과적인 업무 수행을 기대하기도 힘들다. 정기적이고 꾸준한 교육 훈련과 축적된 경험이 결합할 때, 고도의 전문성을 갖춘 작고 강한 팀을 완성할 수 있다.

소수 정예의 시너지를 발휘하는 팀워크는 필수

팀워크는 소수 정예의 개별 능력치를 단순히 합한 것 이상의 시너지를 발휘하기 위해서 반드시 필요한 요소이다. 경호는 궁극적으로 사람과 사람이 부딪히는 물리적 작용이다. 경호 업무 중 돌발 상황이 발생했을 때 신속한 방호와 대피, 대적과 제압은 거의 동시다발적으로 이루어져야 한다. 그러기 위해서는 팀워크를 바탕으로 탄탄한 조직력을 필수적으로 갖추어야 한다.

실제 경호 임무를 수행하다 보면 사소하지만 예상치 못한 상황이 많이 발생한다. 이러한 상황에 대응하는 행동 준칙을 일일이 마련해 둘 수는 없다. 특정한 상황의 전개는 매번 동일한 과정으로 이루어지지 않고 많은 변수가 존재하기 때문이다. 이런 상황에서 역할 분담은 즉각적으로 이루어져야 하며, 이를 눈빛만으로도 가능하게 하는 것이 팀워크이다.

08 경호와 의전은 한 몸이다

경호 활동에는 의전이 깃들어 있다. 경호대상자의 신변을 보호하는 것이 경호의 일차적 목적인 것은 두말할 나위가 없다. 그러나 경호를 의전과 따로 떼어 놓을 수는 없다. 의전은 경호의 또 다른 역할 중 하나이기 때문이다.

사실 의전은 그 기능과 범위가 아주 넓은 분야이다. 행사를 기획하는 데 있어 의전과 관련한 각종 기준과 원칙 등 수많은 내용만 봐도 이를 잘 알 수 있다. 무엇보다도 행사의 스토리를 만들고 그 속에 메시지와 의미를 함축적으로 담는 작업은 단순히 어떤 규칙으로 설명할 수 없는 것들이다. 작은 차이로 그러한 가치를 만들어내는 것은 의전 전문가만이 할 수 있는 영역이다.

경호가 갖는 의전의 역할은 경호대상자가 이동할 때 작동한다. 주변의 상황과 조화를 이루고 자연스럽게 움직이는 흐름을 만드는 것이 그 역할이다. 그러한 역할은 공식적인 행사에서 더 확연히 드러나지만, 일상적인 상황에서도 마찬가지이다.

의전 전문가들은 의전을 배려와 소통이라고들 한다. 경호의 의전적인 측면은 경호대상자의 권위를 세우는 역할로만 한정해서 생각하는 경우가 많다. 물론 권위를 드러내는 기능적 역할을 할 때도 있다. 그러나 그게 다는 아니다. 아직도 경호원의 역할이 경호대상자를 둘러싸고 위세를 과시하며 권위를 더 높이는 것이라 생각하는 사람은 없을 것이다. 경호 업무는 과학적이고 분석적인 작업이다. 경호의 의전적 기능을 통해, 의전 전문가들이 말하는 배려와 소통까지 이끌어내지는 못하더라도, 경호대상자의 움직임이 자연스럽고 매끄럽게 흘러가도록 하는 윤활유와 같은 역할을 하여야 한다.

경호대상자가 이동 중에 갈팡질팡하거나 서두르는 것은 좋은 모습이 아니다. 엘리베이터를 내려서 어디로 가야 할지 몰라 두리번거리거나 길을 헤매는 일도 마찬가지이다. 이런 상황을 최소화하는 것이 경호의 역할이다.

기업의 총수나 CEO(최고경영자)가 회사에 출근할 때는 기업의 수장으로서 과하지 않으면서도 격에 어울리는 세련된 의전이 깃들어 있어야 한다. 그런 것들이 깔끔하게 이루어지도록 하는 것이 경호의 의전적 역할이다.

의전 전문 보안 요원의 활용

의전과 관련해 변형된 형태의 운영 사례가 있다. 국내의 한 대형 IT 기업의 경우, 의전 전문 보안 요원을 운용하는데 좋은 평가를 받고 있다. IT기업의 자유분방한 기업 문화와 시스템이 자칫 의전적인 부분에서 소홀함을 드러낼 수 있다. 이를 보완하는 차원에서, 비즈니스 회의나 중요 행사에 참석하기 위해 회사를 방문하는 VIP손님을 의전 전문 보안 요원이 담당 직원과 함께 수행하면서 안내하는 것이다. 한 사람을 전속으로 수행하는 의전의 변형된 형태라고 할 수 있다. 출입 절차도 미리 진행해서 이동을 매끄럽게 하고 품위 있는 의전을 제공하면 회사를 찾은 손님은 대우를 받는다는 느낌을 받고 만족도도 높아진다. 이를 통해 회사에 대한 좋은 인상을 심어줄 수 있다는 장점이 있다.

09 안전사고 예방과 후속 조치도 경호의 중요한 역할이다

경호 활동은 신변 보호의 기능적 역할에 최우선 가치를 둔다. 그러자면 당연히 철두철미하고 빈틈없는 경호가 가장 중요하겠지만, 무조건 강한 경호가 능사는 아니다. 현장의 여러 가지 상황을 고려해야 한다. 일반 대중이 붐비는 장소에서는 신변 보호도 중요하지만 과하지 않고 불필요하게 튀지 않는 것이 좋다. 그렇다고 완전히 드러내지 않는 것은 또 쉽지 않다. 비노출 경호를 하더라도 눈썰미 있게 유심히 보면 보이기 마련이다.

모르는 사람들은 경호원이 옆에 붙어 다니면 그러한 모습 자체가 위화감을 조성한다고 생각할 수 있고, 과하다고 생각할 수도 있다. 그러나 신변 보호는 의도적인 위해危害를 방지하고 제거하는 것으로만 완성되는 것이 아니다. 일상적인 안전사고나 돌발 사고를 예방하는 것도 신변 보호의 목적이다. 경호대상자의 나이가 경호의 수준을 결정하는 요소는 아니지만, 경호대상자가 연로하거나 건강이 좋지 못할 경우에는 옆에서 보좌하면서 안전사고를 예방하는 것도 중요한 역할이다. 경호대상자가 넘어지거나 미끄러져 다치면 그것이 신변 보호에 실패한 것이 아니고 무엇인가? 연세가 많거나 몸이 불편하신 어른이 넘어지거나 다치지 않도록 옆에서 부축하는 것과 같은 것이다.

기업의 총수나 재력가 중에도 얼굴이 별로 알려지지 않은 사람이 많다. 일반인들이 길거리나 식당에서 마주쳐도 잘 모르고 지나갈 수 있다. 그렇다고 해서 신변 안전이 보장되는 것은 아니다. 계획적이고 의도적인 위해만 안전을 위협하는 것이 아니다. 뜻하지 않는 사고나 시비에 얽혀 곤혹스러운 일을 당할 수도 있다. 특히나 요즘같이 특별한 개연성도 없이 피해의 대상이 될 수 있는 현실에서는 더욱 그렇다. 실제로 뜻하지 않게 위협적인 상황을 겪고 나서 경호팀을 꾸리는 사례도 있다.

경호의 역할이 위해를 방지하고 제거하는 것만이 아니라고 했는데 경호의 또 다른 중요한 역할이 하나 더 있다. 뜻하지 않는 사고나 위해를 당했을 때 즉각적인 대응 조치를 취하는 것이다. 돌발적인 사고는 일상적인 생활 중에 일어나기도 하지만 레포츠와 같은 여가 활동 중에 발생하기도 한다. 사고나 위해를 당했을 때 적절한 후속 조치를 신속하게 취해줄 수 있는 사람이 있는 것과 없는 것에는 큰 차이가 있다.

이처럼 의도적인 위해의 방지 및 제거, 안전사고의 예방 그리고 즉각적인 대응 및 후속조치 모두가 하나의 경호 작용이다. 낮은 수준의 비노출 경호라도 반드시 필요한 이유이다.

10 운전기사의 보안 의식을 높여라

운전기사와 오너는 떼려야 뗄 수 없는 관계이다. 운전기사는 직업적 특성상 오너의 일정에 따라 같이 움직이며, 특히 차 안이라는 좁은 공간에 같이 있는 시간이 많다. 대부분의 경우 특별한 문제가 아니면 기사를 자주 바꾸지는 않는다. 시간이 지날수록 익숙해지고 여러모로 편하기 때문이다. 그러다 보니 기사는 자연스럽게 '모시는 분'의 주변 사정을 잘 알게 된다. 수행 기사로 오래 근무하다 보면 모시는 분의 개인사나 가족의 일뿐만 아니라 집안의 대소사까지도 알게 된다.

자연스럽게 일거수일투족을 보게 되는 운전기사는 한편으로 걸어 다니는 CCTV이기도 하다. 아침부터 저녁까지 함께 할 뿐만 아니라 때로는 중요한 심부름을 맡기도 한다. 정치권이나 재계에서 운전 기사의 '입'이 모시는 분을 옭아매는 데 결정적인 역할을 하는 경우는 수없이 많다. 뒷좌석에서 주고받은 대화나 통화 내용이 운전기사의 귀와 입을 거쳐 수사 기관으로 넘어가기도 한다. 그래서 수사기관에서 참고인으로 운전기사를 조사하는 경우도 많은 것으로 알려져 있다.

우리나라에서만 그런 것도 아니다. 지난 미국 대선 기간 중에 발간된 운전기사의 폭로에 따르면, 클린턴 전 대통령 부부는 공식 행사장으로 가는 차 안에서도 수시로 언성을 높여 싸웠고 힐러리는 차 안의 물건을 손에 잡히는 대로 빌 클린턴에게 집어 던졌다고 한다.

운전기사의 말 한마디가 중요할 정도로 큰일에 빗대지 않더라도, 일상적이고 사사로운 정보가 술술 새어 나간다면 결코 가볍지 않은 문제이다. 예를 들어 기업의 총수나 CEO(최고경영자)가 누구를 만나거나 이동하는 상황이 여기저기 알려진다면 좋을 것이 없다. 굳이 그런 사람들이 아니더라도 누구나 본인의 개인적인 움직임을 다른 사람이 알게 된다면 기분이 좋을 리 없을 것이다. 그러나 대부분의 경우 기업의 총수나 CEO가 정기적으로 가는 곳은 도착하기도 전에 이미 그쪽에서 다 알고 있다. 마치 다단계처럼 나름 짜임새(?) 있게 퍼져 나간다. 의전적인 측면 때문에 그런 것은 차치하더라도 과도하게 알려지는 것은 분명 문제이다. 심지어 출발하기도 전에 아는 경우도 허다하다.

이러한 일이 일어나는 데는 몇 가지 이유가 있다. 첫째로 운전기사가 어떤 일을 폭로하거나 중요한 증언을 하는 것은 고용 관계 중 갖게 되는 감정적 문제의 영향이 크다. 오랫동안 월급을 받으면서 일을 했음에도 기본적으로 인간적인 정이나 미련이 별로 남아 있지 않기 때문이다. 17년간 최순실 일가의 운전기사로 일해 내부 사정을 속속들이 알고 있던 사람이 언론에 많은 것을 폭로한 것은 개인적인 정의감이나 공명심의 발로일 수도 있겠지만, 한편으로는 17년이란 기간 동안 운전기사를 어떻게 대우했을지 어느 정도 미루어 짐작해 볼 수 있다.

두 번째는 운전기사로서 직업적 윤리 의식이 해이한 경우이다. 업무 중에 알게 되는 것을 사소한 본인의 이익을 위해 외부로 유출하는 것이다. 정보는 권력이라는 격언이 이러한 곳에서도 적용된다. 업무 중에 자연스럽게 접한 정보를 적절히 유출하면서 사소한 편의를 제공받거나 자신의 위치를 과시하고 싶은 심리 때문에 사소하지만 중요한 정보가 외부로 새어 나가는 경우도 많다. 요즘 들어서는 갑질 논란에 편승해 고용주를 상대로 을질을 하려는 질이 나쁜 운전기사들도 있다. 마찬가지로 직업적 정도正道나 윤리 의식을 결여한 것이라고 할 수 있다.

세 번째 이유는 운전기사라는 직업적 특성에서 찾을 수 있다. 업무 특성상 대기 시간이 많고 외부에 나가면 기사 대기실 같은 곳에서 자연스럽게 운전기사들끼리 어울린다. 이러한 환경 속에서 기사들 특유의 직업적 동료의식과 맞물려 다른 직원들에 비해 유대 관계를 쉽게 잘 형성하게 된다. 운전기사만 수십 명에 달하는 큰 회사의 경우 친목을 다지는 기사들만의 모임이 만들어지기도 한다. 이러한 직업적 환경 속에서 자연스럽게 여러 말이 돌게 되는 경우가 많다.

2006년 9월, 경기도 의정부시 선산에서 추모행사를 마치고 돌아가던 당시 조선일보 명예회장의 차량을 신원미상의 남성 2명이 공격했다. 차량 행렬이 왕복 2차선 도로에 진입하기 위해 잠시 서 있을 때 괴한들이 뛰어와 차 뒷유리창을 벽돌로 두 번 내리찍었다. 괴한들은 십여 대의 차량 가운데 공격할 차량을 정확하게 알고 있었다. 일정과 이동 경로, 차량 번호까지 미리 파악했던 것으로 추정된다.
당시 운전기사가 이런 정보를 유출했다는 것은 아니다. 다만, 이처럼 동정이나 이동 경로와 같은 정보가 외부에 노출되면 모시는 분의 안위安危가 위협받는 상황을 초래할 수 있다는 것이다.

물론 모든 운전기사가 그런 것이 아니다. 입이 무겁고 본인의 일에만 충실해 신임을 얻는 경우를 주위에서 많이 봤다. 고용주와 인간적인 유대 관계를 맺고 몇십 년을 함께 하는 모범적인 경우도 심심찮게

들을 수 있다. 일부 운전기사의 개인적인 성향이나 일탈 행위가 문제를 일으킬 수 있더라도, 오랫동안 충실하게 일하면서 신뢰를 쌓은 대부분의 운전기사들은 그렇지 않다.

한 대기업 총수는 6개월에 한 번씩 운전기사를 교체하는 것으로 알려져 있다. 개인적으로 결코 좋은 방법은 아니라고 생각한다. 바꿀 때마다 매번 보안 의식이 투철하고 직업적 윤리 의식이 확실한 사람일 것이라고 장담할 수 없다. 정보를 얼마나 알게 되는지가 아니라 어떤 정보를 알게 되는지가 중요하고, 정보가 밖으로 새지 않는 것이 중요하다. 짧은 기간이지만 많은 정보를 의도적으로 수집하려는 사람이 있다면 잦은 교체 주기는 오히려 보안을 더 취약하게 만들 수 있다. 굳이 본인이 알아야 할 일이 아니면 속으로 눈감고 알려고도 하지 않는 그런 의식과 성품이 중요하다. 어차피 많은 시간을 같이 해야 하는 사람이라면 인간적인 신뢰와 유대 관계를 형성하는 것이 더 안전하다. 충성심은 그런 것을 통해 만들어지기 때문이다. 잦은 교체는 그런 유대감과 책임감, 충성심을 쌓을 시간을 주지 않는다.

보안을 보다 강화하기 위해 운전기사를 경호팀에 편입하거나 경호원이 운전을 하는 방법도 있다. 운전 기능은 경호와 따로 때어낼 수 없는 불가분의 관계이기도 하다. 운전은 경호와 한 몸으로 움직여야 한다. 따라서 경호팀을 운용한다면 운전을 경호원이 담당하게 하는 것도 좋다. 원래 운전기사가 있어 운전을 그대로 맡기고자 한다면, 운전기사의 소속과 지위를 경호팀으로 바꿔주는 것도 방법이다. 여기에는 몇 가지 장점이 있다. 먼저 경호원들과 같이 움직이면서 보안 의식을 강화할 수 있고 운전기사들 특유의 커뮤니티에 끼지 않게 할 수 있다.

자연스럽게 경호와 운전의 전체적인 효율성도 높아진다. 아주 오랫동안 오너와 함께한 운전기사는 보안 측면에서 통제권을 벗어나 전혀 통제가 안 되는 경우도 여럿 봤다. 경호원이 통제하려고 하면 오히려 불협화음만 생긴다. 당연히 전체의 효율성은 떨어진다. 운전 기능과 경호 기능은 공동체 의식으로 하나가 되는 것이 여러 면에서 좋다.

11 사고 하지 않은 경험으로는 전문가가 될 수 없다

매니 파퀴아오^{Manny Pacquiao}는 '팩맨'이라는 별칭으로 유명한 세계적인 복싱 선수이다. 필리핀의 국민 영웅이기도 하다. 2015년 세기의 대결이라 불린 '머니' 플로이드 메이웨더 주니어^{Floyd Mayweather Jr.}와의 경기는 전 세계의 이목을 집중시켰다. 경기 내용은 이름값에 미치지 못했지만 당시 두 선수의 순수 대전료만 2억 5000만 달러(약 2700억 원)에 달했다. 파퀴아오는 전 세계 스포츠 스타 중 '한 해 가장 많은 수입을 올린 선수' 2위에 이름을 올리기도 했다. 그는 개인 전용기로 해외 경기 일정을 소화할 정도로 많은 부를 쌓았다.

파퀴아오 선수는 우리나라에도 두 번 방문한 적이 있다. 그는 매번 전용기로 매니저와 가족 등 많은 일행을 이끌고 왔다. 그가 한국에 올 때마다 안전을 책임지는 전담 경호원이 있다. 필자가 개인적으로도 아는 김준현 실장이다. 김 실장은 매번 5~6명 수준의 경호팀을 꾸려 파퀴아오 일행과 함께 모든 일정을 소화한다. 방송 촬영과 팬 사인회 등 공식 일정과 가족의 관광 일정까지 빠듯하게 소화하는 와중에도 김 실장은 항상 필요한 용품을 가방에 꼼꼼히 챙겨 곁에 지니고 다녔다.

몸 자체가 걸어 다니는 기업 수준인 파퀴아오는 마시는 물에도 예민하다. 혹시라도 탈이 날 것을 염려해 식당 같은 데서 나오는 물은 안 마신다. 보통 스텝들이 챙겨 다니는 생수를 마시는데, 한번은 일행과 함께 관광을 하던 중 목이 타는데 물이 없었다. 스텝들도 생수를 미쳐 챙기지 못했다. 그러자 김 실장이 가방에서 생수를 꺼내 보였다. 파퀴아오가 마시는 물을 알고 가방에 예비로 챙겨 두었던 것이다. 또 한번은 방송 일정 중에 스텝 한 명이 손을 조금 베였다. 그러자 김 실장의 가방에서 응급처치 도구가 나왔다. 일정을 쭉 소화하면서 경호원의 가방 안에서 마치 가제트 만능 팔처럼 필요한 것이 이것 저것 나오니까 다들 신기했던 모양이다.

국내 일정이 거의 마무리되고 분위기가 많이 익숙해진 자리에서 파퀴아오와 그의 매니저가 물었다.

"도대체 그 가방 안에는 뭐가 들었나?"

그러자 김 실장은,

"당신을 살릴 수 있는 모든 것이 다 있다."

하고 웃으면서 얘기했다. 가방 안에는 생수부터 시작해서 간단한 의료용품, 담요, 소형 방독면, 방탄판 등의 경호 장비까지 들어 있었다. 10일도 안 되는 짧은 일정이지만 경호대상자이자 의뢰인인 파퀴아오 선수의 기호나 습관까지 체크하고 혹시 모를 상황에 대비해서 철저히 준비한 것이다.

경호에 필요한 장비나 응급처치 용품은 기본적으로 차량에 구비해 놓는 것이 원칙이다. 그리고 소형 장비나 간단한 용품은 경호 가방에 넣어서 들고 다녀야 상황이 발생했을 때 최단 시간 내에 바로 사용할 수 있다.

한국에서 두 번째 방문 일정이 끝나갈 즈음 파퀴아오의 매니저가 김 실장에게 대뜸 스카우트 제안을 했다. 김 실장은 처음에는 농담인 줄 알고 웃으면서 넘겼다. 그러나 다음 날 다시 같은 제안을 했다. 파퀴아오의 매니저는,

"전 세계를 돌아다니면서 여러 경호원들을 만나봤지만 당신처럼 철저하게 준비하는 사람은 처음 봤다. 얼마를 원하느냐?"

하고 구체적으로 물었다. 그러면서,

"필리핀에는 전담 경호팀이 따로 있다. 사람들이 보는 눈도 있고 해서 필리핀에서는 우리나라의 경호원들을 쓴다. 당신은 우리가 한국에 오거나 해외 시합이나 전지훈련 그리고 여행을 갈 때 수행 경호원으로 일해주면 된다."

하고 제안했다. 여러 날을 같이 다니면서 김 실장의 꼼꼼함과 경호원으로서의 자세를 눈여겨보았던 것이다.

경험하고 돌아보고 치열하게 고민하라

단순하게 경험만 반복된다고 전문가가 되는 것은 아니다. 사고思考하지 않는 경험을 아무리 쌓아도 고착된 행위자에 불과할 뿐이다. 동굴에 오래 살았다고 지질학자가 되는 것은 아니다. 자기가 하는 일의 본질이 무엇인지 분석하고 사고하면서 경험을 쌓아야 한다. 평소에 상황을 면밀히 관찰하고 피드백을 통해 보다 나아지기 위한 노력을 지속해야 한다.

업무의 전문성을 키우는 데는 어디는 중하고 어디는 덜 중하고 하는 것이 없다. 각각의 필드에서 요구하는 기능적인 요소에 대한 차이

만 있을 뿐이다. 사설 경호업체의 경호 업무도 특화된 영역에 전문성을 더할 수 있는 진지한 고민과 노력이 필요하다. 관련 분야의 정보를 찾아 연구하고, 필요하면 국내든 해외든 찾아 나설 수 있는 열의가 필요하다. 그런 마인드와 열정이 전문가와 비전문가의 차이를 가른다.

미국의 유명한 다단계 회사인 암웨이^{Amway}의 고위 임원이 강연 차 한국을 방문한 적이 있다. 그런 대규모 강연에는 참석자만 수천 명이 몰리기도 한다. 행사장과 무대도 그만큼 크고 화려하다. 보통 해외 바이어나 외국 기업의 주요 임원이 한국을 방문할 때는 주최측이나 해당 기업에서 행사의 의전과 안전 관리를 경호업체에 의뢰한다.

암웨이와 같은 대형 기업의 경우 그 나라의 전담 경호팀이 같이 오기도 한다. 그 행사에도 전담 경호팀의 선발 경호원이 행사 3일 전에 먼저 들어왔다. 그는 공항에서부터 호텔, 행사장 등의 이동 동선을 일일이 체크해 나갔다. 선발 경호원이 무대 준비가 한창인 행사장을 찾았을 때였다. 그는 행사장에 도착하자마자 무대 설치 작업자들이 안전모를 쓰고 있지 않는 것을 의아해하면서, 기획사 담당 직원에게 기본적인 안전의식에 문제가 있는 것 같다고 지적했다. VIP 좌석과 이동 동선, 백스테이지의 세세한 부분까지 점검하던 경호원은 세부적인 행사 진행 순서와 VIP 이동 동선상의 안전 문제에 대해 질문을 쏟아냈다. 담당 직원은 제대로 대답을 못하고 우물쭈물했다. 기획사 직원이 일일이 대답하기 어려울 정도로 세세한 내용에 대한 질문이었다.

세계 각국에서 행사를 다니며 안전을 담당해 온 선발 경호원은 VIP의 신체적 특징과 행동 방식까지 고려하여 이동 동선상의 안전 문제에 대해 세밀하게 체크했다. 본인이 수행하는 VIP의 주 활동 무대라고 할 수 있는 행사장의 전반적인 상황을 무대 전문가 수준으로 꿰고 있는 것이다.

경호대상자는 결국 사람이다. 사람은 외형부터 개인적인 선호, 일
하는 방식, 생활 습관, 취미까지 모두 다르다. 경호대상자의 개인적인
특성을 이해하고 거기에 맞는 환경을 제공할 때 경호대상자도 편안하
다. 특히 개인적으로 선호하는 레저 스포츠와 같은 취미 활동의 안전
관리를 위해서는 해당 스포츠에 대한 이해도가 높아야 한다. 경호원
이 기능적으로 숙련도가 높거나 최소한 비슷한 수준은 되어야 경호대
상자를 보호할 수 있을 것이다. 그런 준비가 없어서 안전사고가 발생
하면 경호의 본질을 놓치는 것과 다를 바가 없다. 팀 단위의 경호 조
직에서 경호대상자의 개인적인 특성에 맞는 다양한 교육 훈련이 필요
한 이유이다.

12 경호원의 직업 윤리와 보안 의식

"특정 직업에 종사하는 사람이 지켜야 하는 행동 규범." 직업윤리
의 사전적 의미이다. 경호원의 직업윤리에는 어떤 것들이 있을까? 일
반적인 직장인의 직업윤리와 대부분의 면에서 크게 다를 것은 없다.
경호원도 직업이고 직업에는 보편적으로 통용되는 상식 선의 직업윤
리가 있다. 다만, 경호 업무의 특성상 다른 직업에 비해 강조할 것은
분명히 있다.

비밀 엄수, 보안 의식, 품위 유지, 희생 정신. 경호와 관련된 교재에

서 경호원에게 필요한 직업윤리로 강조하는 덕목이다. 여기에서 비밀 엄수, 보안 의식처럼 '어떤 것을 말하지 않는 보안'과 관련한 것들이 유독 강조된다. 경호원이라는 직업을 다른 직업과 구별할 만한 특정적인 차이가 뭐가 있길래 보안을 그렇게 강조하는지 생각해보면, 한 가지 다른 것이 있다.

경중輕重이야 있겠지만 사회적 관심의 대상이자 영향력이 큰 어떤 대상을 공간적, 심리적으로 가까운 거리에서 접할 수 있는 기회가 많다는 것이다. 그렇게 보면 보안을 강조하는 것은 어찌 보면 당연한 일이다. 굳이 경호원이 아니더라도, 그런 대상을 위해 일하는 사람은 보안 의식이 투철해야 한다는 것쯤은 당연하게 알고 있다. 어떤 직업이든 간에 보안은 어느 정도 필요한 상식 선의 덕목이다.

"보고 듣고 말하지 않는다." 경호와 관련된 웹 페이지에서 몇 번 본 적이 있는 말이다. 격언이라고 하기에는 출처도 불분명하고 의미도 썩 와닿지 않는다. 말 그대로 경호원은 보고 들은 것을 말하지 않아야 한다는 '보안'을 강조한 말이겠지만, 의미의 나열이 뭔가 어색하다.

일하는데 눈 감고 귀 막고 있을 수야 없으니 보고 들어야 하는 것은 맞는데, 오랜 경험에 비추어 보면 보고도 못 본 것처럼, 들어도 못 들은 것처럼 행하는 것이 경호 업무를 하는 사람들에게 더 필요한 마음가짐이다. 그 뉘앙스 차이는 실무 경험이 많은 사람이라면 금방 이해할 수 있을 것이다. 좀더 격식 있는 표현을 빌리자면 "비례물시 비례물청 비례물언非禮勿視 非禮勿聽 非禮勿言"하는 마음가짐이라고 할 수 있다. "예禮가 아니면 보지 말고, 예가 아니면 듣지 말고 예가 아니면 말하지 말아라."는 뜻이다. 경호대상자와 경호원 간에는 신의信義가 있어야 하고 신의를 지키는 것이 경호원의 예라고 할 수 있다.

오래 전에 필자는 한때 대한민국을 떠들썩하게 했던 사업가 C씨의 의뢰를 받아 경호 업무를 수행한 적이 있다. 누군가 그의 회사로 자꾸 찾아와 직원들을 위협하고 행패를 부린다는 것이었다. C씨는 평소에도 비서와 경호원을 두고 있었는데 그런 일이 생기자 수행 경호팀을 일시적으로 보강하여 비서와 경호원을 몇 명씩 대동하며 외부 활동을 하고 있었다.

뒤늦게 다른 루트로 그의 지명을 받아 합류한 나는 불청객이 찾아올 것에 대비하여 주로 회사 사무실에서 대기하며 근무하고 있었다. 자초지종을 알고 보니 그 불청객은 대표이사인 C씨의 전직 경호원이었다. 정확한 사실 관계를 확인하진 못했으나, 그는 어떤 문제로 해고된 후 급여를 더 받아야 한다고 우기면서 회사로 찾아와 직원들에게 행패를 부린다는 것이었다.

전직 경호원과 같이 일했던 비서가 그의 인상착의를 알려주었다. 키는 거의 190cm에 체구가 굉장히 단단하고, 아직까지 팔씨름을 한 번도 져 본 적이 없을 정도로 힘이 세다는 말도 덧붙였다. 사무실 직원들도 그가 찾아오는 것이 아주 부담스러운 눈치였다. 나는 유리로 된 출입문과 몇 가지 상황을 점검하고 사무실에 앉아 대기했다.

그렇게 한 달 정도 지난 어느 날, 잠깐 자리를 비운 사이에 그 불청객이 사무실에 떠하니 들어와 있었다. 누가 알려주지 않았지만 생김새와 직원들에게 귀찮게 말을 걸고 있는 걸 보고 바로 알 수 있었다. 다들 불편해 어쩔 줄 모르는 모습이었다. 그는 나를 보자마자 욕설과 함께 험한 말을 쏟아냈다. 이미 내가 있다는 것을 알고 작정하고 온 듯했다. 가만히 있을 수 없었다. 맞받아 치면서 일단 나오라고 밖으로 불러냈다. 사무실을 나와 복도를 따라 구석까지 걸어갔다. 걸어가는 짧은 순간에 좁은 공간에서 맞붙으면 어떻게 해야 할지 머릿속으로 그림을 그렸다. 복도 끝에 이르러 서로 마주 섰다. 얼굴을 맞대고 서로 위협적인 언사를 주고 받았다. 누가 먼저 주먹을 날릴지 모르는 일촉즉발의 팽팽한 긴장감이 감돌았다. 누군가 개입하거나 둘 중 하나가 먼저 돌아서지 않으면 퇴로가 없는 상황까지 이어졌다.

긴장감이 극으로 치닫던 순간 그가,

"다시 올 테니 그 때 보자."

하면서 돌아섰다. 얼굴에는 짐짓 여유를 잃지 않은 표정이었다. 결국 생각보다 싱겁게 끝났지만 복도의 꺾인 곳에서 다른 직원들도 팽팽한 호흡을 느끼면서 숨죽이고 상황을 훔쳐봤던 모양이었다.

긴장을 가라앉히고 사무실로 돌아와 한껏 여유로워진 마음으로 책상에 앉았다. 사실 좁은 복도에서 치고 박고 해봐야 피차 좋을 것은 없는 상황이었다.

한 30분쯤 지나자 여직원이 와서 전화를 받아 보라고 했다. 대표이사인 C씨였다. 전화를 받자마자 그는 크게 웃으며 당황스러울 정도로 격하게 칭찬을 쏟아 냈다. 그래도 고마운 모양이었다. 점심을 같이 먹자고 시간 맞춰 회사 앞으로 나오라고 했다. 대표이사인 그와 마주 앉아 비서, 경호원 몇 명과 같이 식사를 하는 와중에도 칭찬을 했다. 여러 사람들 앞에서 머쓱해졌다. 그리고 얼마 후, 더 이상 불청객이 찾아오지 않을 것이라 여겼던지 나름 두둑한 보너스와 함께 업무는 종료되었다.

짧은 시간이었지만 그의 사업가다운 지략^{智略} 같은 것을 느낄 수 있었다. 좋든 나쁘든 사업을 하려면 '저 정도는 되어야 되겠구나.'하는 막연한 생각이 들었다. 또 하나 느꼈던 것은 전직 경호원을 막아야 하는 상황에 대한 쓸쓸함 같은 것이었다.

개인적으로 '의리義理'라는 단어를 좋아한다. 얼핏 듣기에는 시대에 뒤떨어진 고리타분한 말 같지만 의리의 사전적 의미는 "사람으로서 마땅히 지켜야 할 도리", "사람과의 관계에서 지켜야 할 바른 도리"이다. 각박한 현대 사회에서 이것이야말로 꼭 필요한 덕목이 아닌가 하는 생각이다. 그 불청객 경호원은 목적과 방식이 모두 잘못되었다. 의리를 다하지 못하는, 경호원으로서의 기본적인 자질이 함량 미달인 것이다.

사명감과 신의 그리고 충성심

경호원은 경호대상자와 단순한 고용 관계 이상의 사명감과 신의信義 그리고 충성심이 요구된다. 경호원에게 필요한 직업윤리이자 기본적으로 갖춰야 할 자질이다. 경호는 사람이 사람을 보좌하는 일이다. 경호대상자도 사람이라 완벽하지 않고 허물이 있을 수 있다. 그러나 그런 대상을 위한 고도의 책임감과 신의, 충성심으로 무장하지 않으면 경호는 껍데기에 불과하다. 시쳇말로 몸을 던질 수 없다.

경호원의 정신적 무장은 경호대상자와 교감이 쌓이고 쌓여 인간적으로 존중하는 마음을 내재해야 가능하다. 기업의 VIP 경호는 경호대상자와 직접적으로 스킨십 할 수 있는 기회가 많은 것이 장점이다. 스킨십은 감정적 교감을 쌓을 수 있는 훌륭한 방법 중 하나이다. 스킨십 외에도 여러 가지 기회를 통해서 자연스레 교감이 이루어질 수 있다.

대기업에서 총수를 오랫동안 모시고 있는 지인이 있다. 그는 총수가 아주 젊었을 때부터 여기저기 같이 다니면서 수행 경호를 하였다. 해외에 나가서도 같이 택시를 타고 다니며 이런저런 일을 맞닥뜨리면서 격의 없이 자연스레 많은 스킨십을 쌓을 수 있었다.

보안 의식의 실천

여러 번 얘기했듯이 보안 의식은 경호원의 기본적인 직업윤리이다. 두말할 필요 없이 중요한 자질이다. 필자는 경호를 전공하고 오랫동안 관련 업무를 해 오면서 대기업, 공⌒경호기관, 중소·중견기업, 언론사 등에서 업무를 하는 많은 사람을 알고 지낸다. 그렇지만 업무와 관련된 자세한 내용이나 민감한 사항은 물어보지 않는다. 내가 말하고 싶지 않거나 알려주기 힘든 부분이 있다면 나도 상대방에게 묻지 말아야 한다. 동업자 정신이랄까? 그런 인식이 몸에 배어 있다.

마지막으로, 보안을 강조하고자 한다면 한마디 추천하고 싶은 말이 있다. 어느 대기업 회장님이 이런 말씀을 하시는 것을 들은 적이 있다.
"입은 밥 먹을 때하고 대답할 때만 쓰는 거야."
보안이 무엇인지 정말 간결하면서도 제대로 와닿지 않는가?

13 회사의 맞춤형 보안 전문가로 성장하는 선순환 구조를 만들어라

국내 기업에서 경호 업무가 시작된 시기는 기업에 따라 차이가 있지만, 오래된 곳은 20~30년 이상 되기도 했다. 체계적이지는 않았지만 산발적으로 이루어지던 초창기 형태까지 포함하면 더 오래된 곳도 있다. 근래에 들어와서 전문성이 더해지고 체계적인 형태와 시스템이 더욱 공고해졌다. 그러나 전체적인 기업 보안의 시큐리티 매니지먼트^{Security Management} 측면에서 보면 아직까지 미흡한 부분이 많이 있다. 현재 국내 기업들의 경호 운영과 관련한 문제를 세 가지 정도로 정리해 보면, 첫 번째는 경호 조직의 기능적 역할이 단편적인 영역에 한정되어 있는 것이다. 이는 예전의 잘못된 선입견이나 오래된 인식 때문이기도 한데, 그러다 보니 조직의 활용도가 떨어지고 경호 조직이 관리해야 하는 영역이 사각지대에 놓여 소홀히 다루어진다. 두 번째는 업무 연속성의 단절이다. 이는 인적 자원을 적재적소에 활용하지 못하고 경험과 자질을 갖춘 자원을 낭비하는 결과를 불러온다. 세 번째는 경호 조직을 포함해 포괄적인 기업 보안 체계를 운용하는 컨트롤 타워의 부재를 들 수 있다. 기업 보안의 여러 영역을 분리해 관리하는 구조하에서는 복합적인 위협에 대한 대응 능력이 떨어지고 비효율적인 운용으로 인한 비용의 증가, 중복 투자의 우려가 생긴다.

전사적 시큐리티 기능의 통합은 선택이 아닌 필수이다

기업의 시큐리티 매니지먼트 업무가 효과적으로 작용하기 위해서는 기업 전반에 걸쳐 있는 다양한 시큐리티 기능을 통합적으로 운영하거나, 최소한 유기적으로 연계하여야 한다. 각각의 기능이 단절되면 전체적인 비용은 증가하고 효율은 오히려 떨어진다.

대부분의 기업은 VIP 프로텍션^{Protection}으로 대변되는 인적 보안^{Personnel Security}과 물리 보안^{Physical Security}, 정보 보안^{Information Security}을 그동안 각각 독립적 영역으로 운영해 왔다. 경호 조직은 신변 보호라는 경호 기능의

틀에 갇혀 있다. 신변 보호는 VIP 프로텍션의 일부이다. 신변 보호와 함께 사무실과 거주지 보안 관리, 출장이나 여행의 안전 관리, 도청 방지와 통신 보안, 프라이버시와 개인 정보 보호 등 기업의 VIP와 관련한 것을 VIP 프로텍션이라는 하나의 범주에서 관리·운영하여야 한다. 물리 보안, 정보 보안도 마찬가지이다. 현재의 보안 문제는 어느 한 영역에서만 발생하지 않는다. 그러다 보니 문제가 발생하면 어느 한 영역의 기능만으로는 해결하기 어려워진다. 복합적인 형태의 문제에 효과적으로 대비하고 대응하기 위해서는 상호 연계가 불가피한 것이다. 그래서 새롭게 대두한 것이 융합 보안의 개념이다. 융합 보안의 목적은 물리 보안과 정보 보안의 화학적 결합을 통해 보안의 효율성을 높이고자 하는 것이다. 궁극적으로는 보안 영역의 기술들을 구별 없이, 각각의 기술적 기능을 효과적으로 결합하여 기업 보안의 완성도를 높이고자 하는 것으로 볼 수 있다. 이를 위해서는 전사적인 보안 영역에서 필요한 기능들을 결합하여야 하고, 이는 최고보안책임자(CSO)를 정점으로 하는 포괄적인 기업 보안의 틀 안에서 이루어져야 한다.

업무 연속성의 단절은 인적 자원의 손실

기업에서 VIP 경호를 담당했던 직원들의 관리 방식에도 아쉬움이 있다. 아직 경호 업무 종료 후의 대안적 활용 방안에 대한 인식이 부족하다. 인적 자원 및 보안 관리 차원에서 전문성을 키워 나갈 수 있는 방향으로 직무 전환이 이어지면 좋은데 그런 관리가 제대로 이루어지고 있는 곳이 거의 없다.

경호 업무의 특성상 신체적인 능력은 필수적이다. 요즘은 꾸준히 관리만 잘 하면 50대까지도 문제는 없지만 나이가 들수록 신체적 능력은 떨어지기 마련이다. 신체적인 능력의 문제든 어떤 이유든 경호 업무를 끝내야 하는 때는 온다. 구체적인 계획 없이 계속 경호 업무만 하다가 막상 그런 때가 오면 그때부터 회사도 본인도 자리를 찾기 시작한다. 의지와 능력의 문제지만, 준비가 되어 있고 본인의 역량을 발휘할 수 있는 분야가 있으면 그쪽으로 가면 된다. 대기업 같이 계열사가 많은 곳은 선택의 폭도 넓다. 그러나 대부분 준비가 안되어 있는 경우가 많은 것이 문제이다.

계열사 업무로 보직 전환을 하게 되면 대개 기존에 해오던 일하고는 업무 연관성이 적거나 거의 없다. 평소 업무 역량이나 사무 능력이 뛰어나면 문제될 것이 없다. 새로운 보직을 맡아 전에 없던 능력을 발휘할 수도 있다. 문제는 그렇지 못한 경우이다. 오랫동안 해오던 업무와 동떨어진 총무나 지원 조직의 업무를 맡았다가 적성이나 역량 문제로 적응을 못하는 경우가 생긴다.

보안 관리 측면에서 보면, 오랫동안 총수나 CEO(최고경영자)의 경호 업무를 담당했던 사람이 회사를 나가는 것은 좋은 일이 아니다. 그동안 해왔던 업무의 연속선상에서 전문성을 살릴 수 있는 직무를 맡는 것이 가장 좋은 방법이다. 여기에는 몇 가지 장점이 있다. 우선 경호 업무를 하면서 보고 들은 것의 보안 관리가 가능하고, 다른 직원에 비해 충성심과 보안 의식이 높은 인적 자원을 내보내는 것보다는 회사 내에서 성장시키는 것이 당연히 낫다. 기업 보안에 관한 업무를 교육하고 내재화하기에도 용이하기 때문에 회사 차원의 조력이 가미되면 기업에 필요한 맞춤형 보안 전문가로 변모할 수도 있다. 개인에 따라 역량의 차이는 있겠지만 교육의 문제이다. 평소 교육 훈련 과정에 관련 내용을 일부 편성하거나 비정기적으로 틈틈이 교육하는 것도 방법이다. 이를 통해 기업 보안 관련 분야의 역량을 스스로 개발할 수 있는 동기부여의 계기를 제공할 수 있다.

기업의 전반에 걸쳐 시큐리티와 관련된 업무가 많이 있다. 국내외 계열사들의 물리 보안이나 정보 보안 관리, 보안 및 안전 관련 교육, 안전 관리 및 보안 진단, 해외 사업장의 경호·경비 및 대^對테러 임무 등 다양한 업무가 있다. 사실 국내외 사업장의 보안 관리 실태에 한 발짝만 더 들어가보면 운영과 관리에 문제가 있는 회사가 많다. 비효율적 요소를 걷어내고 체계를 잡는 관리가 필요하지만 그런 역할을 할 수 있는 기업 보안 전문가가 국내에 많지 않다. 이러한 상황에서 기업 보안의 관리자급 자원을 외부에서 찾으니 기본적인 보안 의식과 충성심을 내재한 검증된 자원을 활용하는 것이 유리하다. 그뿐만 아니라 임무 종료 후 후일이 그려져 있으면 현재의 임무에 보다 충실할 수 있다는 점에서도 그렇다.

전사적 시큐리티 관리의 컨트롤 타워인 최고보안책임자의 필수 조건

최고보안책임자(CSO)는 산재한 기업의 시큐리티 요소들을 유기적으로 통합·연계하여 포괄적인 기업 보안 체계를 구축하는 융합형 보안 관리의 최고 책임자이다. 자질과 성품이 검증된 자원을 기업에 필요한 맞춤형 보안 전문가로 성장시키는 선순환 프로그램을 만드는 것도 그 역할 중 하나이다.

융합형 기업 보안 관리의 최고 책임자인 CSO에게 꼭 필요한 역량은 무엇일까? 바로 '여러 분야의 가치를 볼 수 시각'이다. 이것이 융합형 조직의 성공 여부를 결정짓는 핵심이다. 서로 다른 분야의 인력들이 뭉치고 연계해 기업 보안이라는 하나의 목표를 향해 나아갈 때, 최고보안책임자는 서로 다른 분야의 가치를 모두 이해할 수 있어야 한다.

예를 들어 어느 기업에 VIP 프로텍션과 물리 보안의 두 분야가 있다. CSO가 기업의 VIP 프로텍션 전문가이고 물리 보안의 가치에 대해서는 잘 모른다. CSO는 기업 보안을 VIP 프로텍션 중심으로 끌고 갈 것이고, 물리 보안 분야에서는 VIP 프로텍션을 지원하는 영역에만 관심을 두고 다른 기능은 단순히 출입 통제 업무 정도로만 간주하며 중간 관리자에게 일임해 버린다. 물리 보안을 담당하는 직원들의 불만이 생기고 중간 관리자와 소통도 원활하게 이루어지지 못한다. 반대의 경우도 마찬가지이다. CSO가 물리 보안 전문가이고 VIP 프로텍션의 중요성에 대해 잘 모른다면, 기업 보안을 물리 보안 만능주의로 끌고 갈 것이고 VIP 프로텍션을 단순히 신변 보호 업무로만 치부하게 된다. 경호 업무를 하는 직원들의 불만이 늘어나고 점차 업무에도 공백이 생길 것이다.

융합형 리더는 조직의 구성원들이 각 분야에 대한 가치를 이해하고 존중하도록 이끌어야 한다. 그러기 위해서는 최고보인책임자가 먼저 여러 분야의 가치를 이해하고, 균형을 잡을 수 있는 역량이 있어야 한다. 그래야 조직의 구성원들이 자신이 하는 분야만이 기업 보안의 우월적 가치라는 인식의 틀에서 벗어나게 할 수 있다. VIP 프로텍션 담당자는 물리 보안과 정보 보안의 가치를 이해해야 하고, 물리 보안 담당자는 VIP 프로텍션과 정보 보안의 중요성을 이해해야 한다. 정보 보안 담당자는 VIP 프로텍션과 물리 보안의 가치를 이해하고 존중해야 한다. 특정 분야가 더 중요하거나 우월할 것 없이, 서로의 전문적 기능이 다를 뿐임을 이해하고 서로의 가치를 인정하며 존중할 수 있도록 일깨우는 것이 최고보안책임자의 역할이다.

14 소규모 경호 운용의 고려 요소와 딜레마

기업은 민간 경호의 범주에서 상시적인 경호 인력을 유지할 수 있는 실질적인 수요처이다. 기업 경호의 대상은 기업이라는 카테고리로 묶을 수 있는 회사의 오너나 개인 자산가 그리고 그 가족 구성원 등으로 볼 수 있다.

왕성하게 사업하는 기업의 오너나 자금력 있는 개인 자산가는 꼭 범죄의 표적이 되거나 복잡한 이해관계에 얽히지 않더라도 안전을 책임져 줄 사람이 있었으면 하는 생각이 들 수 있다. 실제로 어떤 위협을 느끼거나 그런 상황을 겪고 나서 필요성을 느끼고 경호원을 고용하기도 한다. 혹은 당장은 아니지만 언제 닥쳐올지 모르는 위험에 대비해 안전 관리 차원에서 경호원을 둘 수도 있다.

잘하면 드러나지 않는 안전 관리 업무의 특성

경호와 같은 안전 관리 업무에는 공통적인 특성이 있다. 극단적으로 얘기하면 안전 관리 업무의 최상의 결과는 아무 일도 일어나지 않는 것이다. 마찬가지로 기업 활동이 리스크 관리 측면에서 아무 문제가 없는 상황이 오랫동안 지속되면, 리스크 관리에 대한 비용이 과도하거나 혹은 불필요한 것이 아닌가 하는 생각이 들게 된다. 회사의 성장과 수익에 큰 도움이 되지 않는다는 생각이 들어 리스크 관리 비용을 줄이고 싶은 유혹에 빠지기도 한다. 그러나 이는 안전 관리 업무의 특징적인 인과 관계를 깊이 있게 보지 않기 때문이다. 원인인 '안전 관리 업무'는 도드라져 보이지 않고 결과인 '안전한 상태'도 뚜렷이 드러나지 않기 때문에, 어떤 문제가 발생하기 전에는 둘의 명백한 인과 관계가 별로 와 닿지 않는 것이다.

경호원을 고용하는 데도 비슷한 의식의 흐름이 나타난다. 위협적인 상황 때문에 경호원을 고용했다고 가정하자. 그 상황이 소강 상태에 접어들고 시간이 지나 기억이 흐릿해지면 경호만을 위한 인력을 계속 두는 것에 대한 딜레마가 생긴다. 위험에 자주 노출될 수 있는 특수한 사업 영역이거나 오너 주변의 환경 문제로 위험이 상존하는 경우가 아니면 같은 상황이 계속해서 벌어지는 일은 드물기 때문이다. 평소 상시적인 안전 관리의 필요성을 느끼고 경호원을 고용하는 경우에는 덜하겠지만 그렇지 않을 경우 이런 인식의 흐름이 있을 수 있다.

경호원 운용의 딜레마

여기에서는 조직적인 경호팀을 갖출 수 있는 대기업은 논외로 하고자 한다. 대기업을 제외한 대부분의 기업은 전문 인력을 두더라도 경호원 한두 명, 기사 한 명 정도의 단출한 형태로 수행 인력을 구성한다. 현실적으로 경호의 기능적 역할이 늘 필요하지 않을 것이라는 인식과 비용의 합리화 또는 최적화라는 측면을 적당히 고려하면 이러한 단출한 형태가 가장 적절해 보인다. 굳이 많은 비용을 들여 여러 명 둘 필요까지는 없다는 현실적인 판단 때문이다.

그런데 가끔씩 한두 명으로는 부족한 상황이 생긴다. 특히 건설업과 같은 사업 분야나 오너의 활동 반경이 폭넓고 클수록 그런 상황이 생길 수 있는 가능성이 높다. 갑자기 위협적인 상황이 발생할 수도 있고 종종 분위기가 좋지 않은 일이 있을 수도 있다. 물론 그러한 상황에서 경호원이 직업적 사명감과 책임감으로 혼자서 상황을 제압해버리는 괴력을 발휘하거나, 노련함으로 기지를 발휘해 큰 충돌 없이 상황을 잘 마무리 지을 수도 있다. 실제로 그런 상황을 여럿 봤다.

그러나 경호원은 슈퍼맨이 아니다. 대부분의 현실에서는 실제 물리적인 행위가 대척되면 한 사람이 할 수 있는 일에 한계가 있다. 위급한 상황에서 대적과 대피 활동을 동시에 수행하는 것은 현실적으로 쉬운 일이 아니다. 목검 하나로 혈혈단신 나타나 적들을 해치우는 <모래시계>의 이정재는 드라마나 영화에서나 존재한다.

갑작스럽게 맞닥뜨린 위기 상황에서 인원이 부족하더라도 최대한의 능력을 발휘하여 상황을 빨리 벗어나게 하는 것은 경호원으로서 당연한 처사이다. 그러나 예정된 일의 경우 상황에 대비한 적절한 인원을 미리 구성해 놓은 것이 가장 일반적이다. 예를 들어 분위기가 험악해질 수 있는 상황이 예상되면 사전에 인원을 충원하기도 하는데, 이럴 경우 대개 사설 경호업체에 의뢰해 경호원을 추가적으로 쓰게된다. 그런데 이렇게 되면 조직력에 문제가 생긴다. 앞에서 얘기했듯이 경호는 조직적인 팀으로 활동할 때 가장 효과적이고 시너지를 발휘한다. 그러기 위해서는 눈빛만으로도 서로의 의중을 파악할 수 있는 팀워크가 필요하다. 잘 모르는 사람들로 갑자기 조합된 팀에서 그런 조직력을 기대하기는 사실상 힘들다. 리더의 지시에 따라 일사불란하게 움직이는 것은 고사하고 의사소통도 잘되지 않을 수 있다. 도둑질만 손발이 맞아야 하는 것이 아니다. 게다가 경호업체에서 하루이틀 일하려고 온 경호원에게 오너와 함께 하면서 인간적인 교감을 쌓은 수행 경호원만큼의 책임감과 사명감을 기대하기는 힘들다. 물론 경호원으로서 직업적 정신이 투철한 사람일 수도 있겠지만 말 그대로 복불복이다.

예외적인 경우도 있겠지만 이것이 국내 중·소규모 기업의 가장 보편적인 경호 환경이다. 이러한 상황적 딜레마를 해결할 수 있는 방법이 두 가지 있다. 첫 번째는 오너, 즉 경호대상자의 의중에 달려 있다. '나는 경호원이 여러 명 필요해.'라고 판단하면 된다. 필요하면 경호원을 두든 경호팀을 만들든 전적으로 오너가 선택하기에 달려 있다. 좀 더 현실적인 상황을 고려하여 필자가 제안하는 두 번째 방법을 간단히 설명하면, 우선 경호업체 차원의 구심점이 필요하다. 기업에서 필요한 역할을 할 수 있는 경호원 인력풀을 갖추고 경호 전문 헤드헌터와 같은 기능을 하면서, 이들이 서로 연대 의식을 가질 수 있는 매개체로 엮어주는 시스템이 있어야 한다. 기존의 학연이나 추가적인 전문 교육과정 같은 것이 매개체가 될 수 있다. 평소 한두 명이 경호업무를 하는 회사가 추가적인 인력이 필요할 때 회사 소속의 경호원과 연대감을 가진 인원을 투입할 수 있다면, 보다 조직력이 있는 팀을 구성할 수 있을 것이다.

경호원과 운전기사의 기능적 역할을 결합하면?

어떤 이유든 경호원이 상시적으로 필요한 환경에서는 전적으로 경호원 본연의 임무만 수행하면 된다. 문제는 앞서 가정한 사례처럼 경호 업무의 필요성이 지속적이지 않다는 생각에 딜레마가 생기는 경우이다. 이럴 때 비용의 측면을 생각하다 보면 사람이다 보니 자꾸 뭔가를 시키고 싶어진다. 그런 상황을 이해하고 현실적인 대안을 찾아보는 것도 방법이다. 장기적으로 보면 경호 업무를 하는 사람에게도 이득이 될 수 있다.

가장 현실적인 대안은 경호원의 역할을 내려놓지 않고 다른 업무를 일부 병행하는 방법이다. 실제로 이런 상황에서 많이 택하는 선택지가 경호원의 운전기사화다. 장담하건대 피해야 하는 최악의 조합이다. 앞서 경호원이 운전을 담당할 때의 장점에 대해 얘기한 바 있다. 그러나 그것은 팀 단위의 경호 조직을 구성할 때의 얘기이다. 경호원이 한 명인데 운전을 병행해야 한다는 것이 아니다. 만약에 경호원과 운전기사를 화학적으로 결합할 수 있는 기계가 있다고 치면, 거기에 경호원을 넣으면 운전기사가 나오고 운전기사를 넣으면 운전기사가 나온다. 경호원이 운전을 하는 것이 아니라 그냥 운전기사가 되거나 얼마 못 가 퇴사를 하거나 둘 중 하나이다.

처음부터 운전 기사의 직무를 부여 받았거나 잠깐 운전을 하는 건 그럴 수 있다. 일을 하다 보면 그런 상황이 생길 수도 있다. 그런데 경호원의 직무를 부여 받고 운전 업무를 하게 되면 자연스레 직업적 정체성에 대한 의문이 생기고 자존감이 떨어지게 된다. 어디 가서 운전 기사로 대우받거나 그런 시선이 싫으니 외부에서도 겉돌게 된다.

당연히 오래 못 버티고 퇴사를 생각하게 된다. 경호원 역할을 기대하고 왔는데 운전기사로 여겨진다면 그런 생각이 드는 것은 인지상정이다. 속된말로 계속 갈아치워도 상관없다고 생각하면 모르겠지만, 그렇더라도 정작 중요한 것을 놓치고 만다. 전문성과 충성심을 지닌 경호원을 둘 수 없고 자연스레 내부 사정의 보안 유지도 안 된다. 보고 들은 얘기들이 어느 바닥에선가 공공연히 돌게 될 것이다.

경호원에 대한 선입견을 버리면 더 많은 역할이 보인다

운전기사와 같이 물리적으로 몸을 완전히 빼앗는 업무 외에 다른 업무를 일부 병행하는 방법을 추천한다. 아직까지 경호원에게 경호 업무만 할 수 있는 사람이라는 인식의 틀을 씌워 두는 경우가 있다. 그런 선입견을 이제 좀 깰 필요가 있다. 수행 비서의 업무를 병행하는 형태도 가능하다. 실제로 경호를 전공하고 큰 회사나 기관 또는 여의도에서 비서로 활동하는 경우도 많다.

회사의 보안이나 안전 관리 업무를 병행할 수도 있다. 회사마다 특정 업무를 손꼽을 순 없지만 회사의 분야와 특성, 오녀의 의도에 따라 적절한 임무를 찾을 수 있다. 전문적인 자격이나 배경이 반드시 필요한 일이 아닌 한, 자질과 능력만 된다면 어떤 역할을 맡길지가 문제이다. 다른 방안도 있지만 일일이 열거하기는 힘들고 아무튼 주객이 뒤바뀌지 않는 선에서 적절한 업무를 병행하는 것이 가능하다.

다만, 경호원의 역할이 지속적으로 필요하거나 경호원 본연의 역할에 초점을 맞춘 강한 경호원을 원한다면 상황은 달라진다. 그럴 경우에는 당연히 경호 업무에만 충실할 수 있도록 해야 하고 지속적인 교육 훈련을 병행하여야 한다. 사실 교육 훈련은 경호 업무의 일부이고 필수적인 과정이다. 교육 훈련과 교대 근무를 보장하지 않은 채 수준 높은 경호원을 보유할 수는 없다. 비용적인 측면만 너무 고려하면 결국 저급한 수준의 인력을 둘 수밖에 없고 그렇게 되면 오히려 부정적인 결과만 초래할 수 있다. 중고차 시장에서 흔히 돌아다니는 말로 "세상에 싸고 좋은 차는 없다."는 말이 있다. 싸고 좋은 경호원이 없는 것도 마찬가지이다.

회사와 같이 성장할 수 있는 충성스러운 직원으로 키워라

경호의 기능적 역할을 하면서 다른 업무를 일부 병행하는 데는 몇 가지 장점이 있다. 일단 신변 안전에 도움이 된다. 자질을 갖춘 경호원이라면 일반 사람에 비해 뛰어난 신체적 능력과 관련 지식을 가지고 있을 것이다. 정보를 수집하고 경호적인 마인드로 해석하는 능력도 있을 것이다. 그런 사람이 옆에 있는 것과 없는 것에는 큰 차이가 있다. 그리고 경호원이 주위에 있는 것만으로도 일종의 보호막이 형성된다. 계획적이고 주도면밀하게 준비하지 않는 한 경호대상자를 노리는 위해危害나 범행을 실행하기 어렵기 때문에 그런 의지를 꺾는 효과가 있다.

한편으로 오너를 보좌하면서 인간적인 존경심과 신뢰를 쌓으면 자연스레 충성심 강하고 믿을 만한 회사의 자원으로 성장한다. 충성심 강하고 믿을 만한 사람을 회사 안에서 계속 활용하는 것은 회사 차원에서도 유리하다. 보안 관리 측면에서도 그렇다. 경호원의 역할을 벗어나더라도 회사 내에서 관여했던 업무 경험과 전문성을 살릴 수 있다. 회사의 특성에 맞는 보안 전문가가 되거나 다른 업무의 관리자가 될 수도 있다. 오너의 입장에서는 장기적인 처우 문제가, 경호원의 입장에서는 미래의 안정성에 대한 문제가 동시에 해결된다. 미래가 불안하고 직업적 안정성이 떨어진다면 당장 경호 업무에 대한 집중력도 떨어지고 사기도 저하된다. 경호원에게도 이래저래 유리한 면이 많다.

7

chapter

CEO를 위한
기업 보안 이야기

01 문을 여는 것에서부터 시작되는 물리 보안

물리 보안Physical Security은 구체적으로 어떤 것을 말하는 것일까? 일반적으로 가장 쉽게 떠올릴 수 있는 것 중 하나는 CCTV일 것이다. 흔히 CCTV라 부르는 폐쇄회로 텔레비전Closed Circuit Television은 케이블과 같은 전송 매체를 사용하여 특정 수신자에게만 화상을 전송하는 방식을 말한다. 사실 우리는 생각보다 훨씬 많은 물리 보안 개념을 매일매일 접하고 있다. 현대 사회를 사는 사람들은 물리 보안에 둘러싸인 삶을 살고 있다고 해도 과언이 아니다.

물리 보안의 개념은 우리가 아침에 현관문을 열고 집을 나서는 것에서부터 시작된다. 문은 들어가는 장치이면서 나가는 장치이기도 하다. 문은 여는 방향에 목적이 있다. 우리가 일반적으로 가장 많이 접할 수 있는 문은 여닫이문이다. 집에 있는 방문, 욕실 문 등을 생각해보면 된다. 방문은 손잡이를 돌려 방 안으로 밀어서 연다. 이처럼 어떤 공간의 안쪽으로 열리는 문이 안여닫이문이다. 여기에는 자기방어와 프라이버시 보호의 목적이 깃들어 있다. 안여닫이문은 문이 열리는 것을 안에서 막기 쉽고 문 뒤에 숨을 수도 있다. 또 밖으로 여는 문보다 안쪽이 덜 보인다.

반대로 현관문은 밖으로 열리는 밖여닫이문이다. 여기에는 탈출과 대피의 목적이 깃들어 있다. 문이 어느 쪽으로 열리는가 하는 사소한 것에도 사람의 신체와 프라이버시를 보호하는 물리 보안의 개념이 적용되는 것이다. 사소해 보이는 차이지만 결정적인 순간에 큰 역할을 한다.[51]

잘 아는 지인의 실제 경험담이다. 어느 날 그는 집에서 혼자 빵을 먹고 있었다. 그런데 너무 급하게 먹다가 빵이 목에 걸렸다. 뱉어내는 것도 힘들었다. 숨쉬기 힘들어지는 걸 느끼고 뭔가 잘못되었다고 생각하는 순간 공포가 엄습했다. 옆에 있던 우유를 마셔서 넘겨야겠다는 생각에 우유를 들이켰는데 전혀 소용없었다. 숨통은 죄어오고 몇 초 내에 죽을 수 있겠다는 생각이 뇌리를 스쳤다. 짧은 찰나, 혼자 있는 집 안에서 쓰러지는 것보다 일단 밖으로 나가야 구조를 요청하거나 조금이라도 빨리 발견될 수 있다는 생각에 현관문을 열고 뛰쳐나갔다. 계단을 뛰어내려가려는 순간 목에 걸렸던 빵과 우유가 뿜어져 나왔다. 캑캑거리면서 안도의 한숨을 쉬었고 충혈된 눈에서 흐르는 눈물을 닦았다. 살았다는 생각에 정신을 차리고 보니 맨발이었고, 집 안은 미치 시긴 현장처럼 여기저기 온통 우유가 튀어 있었고 의자와 컵이 나뒹굴고 있었다. 단지 몇 초 사이에 벌어진 일이었다.

지나고 난 일이라 그래도 편하게 전해 들었지만, 실제 그 순간이 어땠을지 상상할 수 있는 생생한 경험담이었다. 그는 살아야 한다는 생각에 거의 본능적으로 문을 박차고 뛰쳐나간 것이다.

가끔 화재가 나서 탈출하지 못한 사람이 문 앞에서 숨진 채로 발견

---

51) 조원용, 『건축, 생활 속에 스며들다』, 씽크스마트, 2013.

되었다는 뉴스를 듣게 된다. 화재가 발생하면 정전이 뒤따른다. 안으로 열리는 문인데도 정신이 없는 상태에서 무조건 나가야 한다는 생각에 무의식적으로 문을 밀면서 뛰쳐나가려고 하는 경우가 많다. 이럴 때 여러 사람이 먼저 나가겠다고 순식간에 문으로 몰리면, 앞쪽에서 문을 안으로 열려고 해도 사람들에 밀려 문을 열지도 못하고 꼼짝없이 갇히게 된다.

건물의 물리 보안 설계에도 이와 같은 원리를 적용한다. 사무 공간에서 비상계단으로 나가는 문을 생각해 보면 된다. 여기에는 대피와 무단 침입 방지의 원리가 들어있다. 비상계단으로 나가는 문은 안에서 미는 방향으로 열리고 출입통제시스템이 적용되지 않는다. 반대로 비상계단에서 사무 공간 안으로 들어올 때는 출입통제시스템이 적용된다. 해당 층에 출입이 인가되지 않은 사람의 무단 침입을 막기 위해서이다. 그러나 비상계단에서 1층으로 통하는 문은 다른 층과 달리 계단 쪽에서 밀어서 열리고 출입통제시스템도 적용되지 않는다. 누구나 열고 나갈 수 있도록 되어 있는 것이다. 밀어서 열고 나가는 쪽에는 문을 여는 손잡이 대신 패닉바^{Panic Bar}가 설치되어 있다. 문 중간에 가로로 길다란 막대기 형태의 손잡이를 패닉바라고 한다. 밀어서 그대로 뛰쳐나갈 수 있는 안전장치이다. 화재로 문이 뜨거워져 있을 때에도 손잡이를 잡을 필요 없이 팔이나 몸으로 밀어서 열 수가 있다. 크기가 커서 정전이나 연기로 앞이 잘 보이지 않는 상황에서도 쉽게 열고 빠져나갈 수 있다. 패닉바처럼 사소해 보이는 안전장치가 긴급한 재난 상황에서는 수많은 사람들의 생사를 가르는 차이를 만들어내는 것이다.

하루에도 수없이 마주치는 물리 보안의 기능

김 부장은 출근하기 위해 서둘러 현관문을 나섰다. 주차장으로 내려왔다가 아차 싶었다. 핸드폰을 두고 왔다. 다시 아파트 입구 도어락을 열고 올라갔다. 한참을 찾다 겨우 챙겨 나왔다. 차를 타고 회사 주차장 입구에 들어서니 차단기가 자동으로 올라갔다. 주차를 하고 나니 늦지는 않은 것 같아 다행이었다. 여유로운 마음으로 로비로 올라갔다. 로비에서 자주 보던 보안 요원에게 눈 인사를 건넸다. 스피드게이트에 출입 카드를 찍고 들어갔다. 엘리베이터를 기다리는 사이 핸드폰에 '새 메일 도착' 알림이 와서 지문 터치로 잠금을 해제하고 메일을 확인했다. 엘리베이터를 내려 다시 출입 카드를 대고 사무실로 들어갔다.

김 부장은 여유롭게 커피 한 잔을 타서 자리에 앉았다. 어제 검토하다가 만 보고서를 마무리 짓고 인쇄를 했다.

"이거 부장님 거죠?"

프린트에서 다른 출력물을 찾고 있던 이 차장이 김 부장 이름이 찍혀 있는 출력물을 가져다주었다.

"아, 그래. 고마워."

메일을 확인하고 오전 업무를 보느라 시간이 금방 지나갔다.

"부장님, 식사 안 하세요?"

점심 시간이 되자 이 차장이 물었다. 그러고 보니 벌써 점심시간이었다.

"아, 벌써 점심시간인가? 나는 점심 약속 있어. 맛있게들 먹어."

김 부장도 자리에서 일어났다. 입사 동기인 박 수석과 점심을 먹기로 했었다. 박 수석은 연구 개발 담당이었다. 박 수석이 근무하는 연구동은 김 부장 사무실 건물과 브릿지로 연결되어 있었지만 그쪽은 출입 절차가 까다로워 잘 다니지 않았다. 김 부장은 밖으로 나가 연구동 입구에서 박 수석을 만나 점심을 먹었다.

김 부장이 오전을 보내면서 접한 아파트의 디지털 도어락, 차번호를 인식해서 자동으로 차단기가 열리는 차량번호인식시스템, 스피드게이트나 사무실에 출입 카드를 찍고 들어가는 출입통제시스템, 지문을 인식해서 핸드폰 잠금을 해제하는 생체 인식, 인쇄한 문서에 출력한 사람의 이름이 찍혀 나오는 문서 보안 솔루션은 모두 물리 보안의 전자적electronic 요소이다. 주차장에 들어가는 동선, 로비로 올라가서 스피드게이트로 걸어가는 동선, 보안 기준에 따라 건물의 구획이 나눠지고 특정한 구역의 출입 절차가 까다로운 것은 모두 물리 보안의 구조적structural 요소이다. 그리고 김 부장이 눈 인사를 건넨 보안 요원은 물리 보안의 인적human 요소이다.

물리 보안은 기업의 인적, 정보, 시설 자산을 보호하기 위해 물리적 취약성을 통제하는 활동이다. 이는 위에서 살펴본 것처럼 구조적 요소, 전자적 요소, 인적 요소로 구성된다.

좀 더 자세히 살펴보면, 구조적 요소에는 장벽, 울타리, 볼라드(차량 진입을 막는 시설), 잠금 장치, 조명, 출입문과 창문 그리고 이들의 용도에 따른 구조와 위치 등이 있다. 그리고 보안 기준에 따라 건물의 구역을 구분하고 출입을 통제하는 설계, 주변의 환경이나 지형, 자연 방벽을 활용하여 보안을 강화하는 설계, VIP의 의전과 경호 안전성을 고려한 동선 및 인가된 직원과 비 인가된 방문객의 동선을 분리하는 설계 등을 포함한다.

환경이나 지형을 이용해 보안을 강화하는 설계의 예를 들면 중세시대 유럽의 성城에서 많이 볼 수 있다. 적의 침입을 어렵게 하기 위해 높은 곳에 성을 짓고 성에 접근할 수 있는 입구는 하나만 두는 식이다. 주위는 가파르고 높아서 올라가기 힘들고, 길은 하나밖에 없어 성에 접근하더라도 들어가긴 어렵다. 성 주위를 빙 둘러서 땅을 깊게 파 놓기도 했는데 이런 것을 해자垓子라고 한다. 땅을 파고 물을 채워 인공 해자를 만들고 걸어 들어올 수 있는 입구는 하나만 두는 식이다.

성곽 문화의 백미로 일컬어지는 우리나라의 수원 화성에서도 비슷한 원리를 찾아볼 수 있다. 수원 화성의 성문 앞에는 문을 빙 둘러서 에워싼 형태의 옹성甕城이 있다. 성문의 수비를 강화하기 위해 성문 맞은편에 쌓은 작은 성이다. 옹성은 성문과 연결되어 있어 군사를 전진 배치할 수 있다. 적군이 성문을 뚫기 위해 안으로 들어오면 독 안에 든 쥐 꼴이 된다. 수원 화성의 옹성은 다단계 방어선을 구성하는 현대의 보안 원칙과 같은 개념이라고 할 수 있다.

물리 보안의 전자적 요소에는 IP 카메라, 지능형 카메라, 열화상 카메라 등의 영상감시시스템과 출입 카드, 차량 번호 인식, 검색 장비(금속탐지기, X-ray 검색기), 생체 인식(지문, 정맥, 홍채, 얼굴) 등의 출입통제시스템 그리고 긱종 전자 감지기, 적외선 감시기 등의 침입탐지시스템이 있다. 최근에 중국이 압도적인 기술 우위를 보이는 인공지능(AI) 얼굴 인식도 생체 인식 기술 중 하나로서 물리 보안의 전자적 요소이다. 중국은 프라이버시와 인권 문제에도 불구하고 13억 인구의 얼굴을 3초 안에 식별하는 것을 목표로 세계 최대의 안면 인식 시스템을 구축 중이다. 지문의 굴곡 패턴을 이용한 지문 인식이 가장 보편적인 생체인식 수단이었지만 이제는 홍채, 정맥, 혈관, 행동

생체인식^{behavioral biometrics}으로까지 발전하고 있다.

물리 보안의 인적 요소는 보안 관리자, 보안 요원의 운영 기준과 업무 지침인 표준운영절차(SOP) 및 교육 훈련, 보안 요원의 순찰 및 관제 활동 등을 포함한다.

이처럼 물리 보안은 단순하게 생각하는 것보다 훨씬 넓은 개념이다. 물리 보안 설계는 열거한 시스템과 기술들의 다양한 메커니즘을 활용한 시설과 장비로 구성된다. 물리 보안의 여러 요소를 적용하여 기업의 보호 요구사항과 수준에 따라 적절하게 위험을 완화하는 조치가 물리 보안 전략이다. 그렇다고 물리 보안이 마냥 확장할 수 개념은 아니다. 발생 가능한 모든 물리적 위협을 통제 범위로 두는 것은 아니기 때문이다. 가령 자연재해와 같은 위협을 물리 보안으로 통제하는 것은 한계가 있다. 물리 보안은 기업의 자산을 고의적인 위협, 즉 의도적인 범죄, 테러, 경쟁 업체의 불법적인 행위와 같은 것으로부터 보호하는 것이다.

자연스럽게 스며드는 물리 보안, 셉테드

셉테드(CPTED)^{Crime Prevention Through Environmental Design}는 '환경 설계를 통한 범죄 예방'을 의미한다. 셉테드는 환경범죄학^{Environmental Criminology}의 한 분야이다. 시설이나 공간을 범죄에 방어적인 디자인으로 형성하여, 범죄가 발생하는 것을 방지하고 범죄에 대한 두려움을 줄이는 범죄 예방 전략이다. 미국이나 영국, 호주 등 여러 나라는 셉테드 설계를 이미

보편적으로 적용하고 있다. 최근에는 기업 보안에 셉테드를 적용하여 회사의 빌딩과 그 주변 영역의 보안을 강화하기도 한다. 셉테드에는 자연적 감시Natural Surveillance, 자연적 접근 통제Natural Access Control, 영역성 강화Territoriality Reinforcement라는 세 가지 기본 전략이 적용된다.

자연적 감시는 건물이나 시설물을 배치할 때 시야를 가리지 않도록 하여 가시권을 최대한 확보하는 것을 말한다. 조명을 효과적으로 설치하여 어두운 곳을 없애고, 담을 없애거나 낮추며, 조경이 건물이나 창문을 가리지 않도록 하는 식으로 가시성을 높이는 방법이다. 엘리베이터나 비상계단의 외관을 투명하게 하여 밖에서 들여다볼 수 있도록 하고 아파트 놀이터를 단지 가운데 설치해 모든 가정에서 한눈에 내려다볼 수 있도록 하는 것도 좋은 예이다.

자연적 접근 통제는 출입구나 보행로의 동선, 울타리, 조경, 조명 등 시설물을 적절히 배치하여 인가되지 않은 사람의 출입을 자연스럽게 차단하는 것을 말한다. 자연적 감시와 자연적 접근 통제는 범죄의 노출 가능성을 높인다. 범죄의 이익보다는 거기에 들이는 노력이나 위험성의 비용이 더 크도록 물리적 환경을 조성하여 범죄를 예방하는 원리는 범죄학의 합리적 선택이론Rational Choice Theory을 그대로 적용한 것이다.

영역성 강화는 사적인 영역의 경계를 다양한 방식으로 명확히 하여 영역 내에 거주하는 주민에게는 영토적 소속감을 높여 심리적 안정감을 주고, 잠재적 범죄자에게는 확연히 구분되는 영역성 인식이 심리적 부담을 가중시켜 범죄 시도를 어렵게 만드는 것을 말한다. 이 세 전략적 원리는 각각 엄밀히 구분되는 독립적인 영역이라기보다는 서로 중첩되고 상호 영향을 주고 받는 관계이다.

02 창과 방패의 끝없는 싸움, 도청

기업의 VIP집무실이나 회의실은 대개 고층 빌딩의 창가에 위치하고 있다. 이러한 곳에서 주고 받는 대화 내용이 우리가 알지 못하는 새 커다란 창으로 전부 빠져나갈 수 있다. 소리는 진동으로 전달된다. 실내에서 사람의 말소리는 유리나 벽, 천장 마감재를 타고 퍼져 나가면서 미세한 진동을 일으킨다. 근처에 있는 다른 빌딩에서 회의실 유리에 레이저 빔을 쏘아 되돌아오는 진동 신호에서 음파를 검출하는 방식으로 도청이 가능하다.

영화 속 이야기가 아니다. 레이저 도청 방식이라고 한다. 약 900m 거리까지 음성 정보 수집이 가능한 것으로 알려져 있다. 레이저 도청은 무선 도청 탐지기로는 방어할 수 없다. 레이저 도청은 유리에 진동자(노이즈 발생기)를 부착하고 미세한 진동을 흘려, 진동 신호를 교란하는 방지 시스템을 사용해야 한다. 또는 교란 신호음이나 임의의 노이즈를 발생시켜 제대로 된 음파를 포착할 수 없도록 하는 장비를 사용해야 한다. 유리에 전자파 차폐 필름을 붙이는 방법도 효과가 있다.

일반적으로 도청은 유·무선 방식을 많이 사용한다. 유선 도청은 유선 통신 선로에 도청 장치를 직접 설치하는 방식이다. 예를 들어 전화기 내부나 전화선에 연결할 수 있다. 전화 단자함 안에 설치하기도 한다. 이러한 유선 도청은 선로의 전압이나 전류 또는 임피던스[Impedance] 변화를 감지하여 탐지할 수 있다.

무선 도청은 가장 흔하게 사용하는 도청 방식이다. 도청 장치를 집무실이나 회의실 같은 곳에 몰래 숨겨두는 방법이다. 이때 시계나 계산기처럼 사무실에서 흔히 보일 법한 물건으로 위장한 위장형 도청 장치를 사용하기도 한다. 이러한 무선 도청은 도청 탐지 장비로 특정 주파수 대역의 전파나 의심스러운 주파수를 찾아낸 다음 그것이 도청 장치에서 발하는 주파수인지 확인하는 방식으로 탐지할 수 있다. 이 외에도 도청용 마이크로폰^{Microphone}으로 음성이나 진동을 증폭시켜 도청하는 방식도 있다. 핸드폰은 악성 소프트웨어인 멀웨어^{Malware}나 스파이 앱을 깔아서 도청할 수 있다. 복제폰을 만들어 통화 내용을 실시간으로 엿듣는 방법을 사용하기도 한다.

글로벌 무한경쟁시대에 비즈니스 경쟁력을 높이는 것도 중요하지만 이에 걸맞은 정보 보호 능력을 갖추는 것도 중요한 일이다. 기업에서 다루는 정보의 가치는 점점 더 중요해지고 있다. 이러한 상황에서 도청과 같은 불법적인 방식으로 민감한 정보가 유출되는 일은 철저하게 예방하고 관리할 필요가 있다.

먼저 도청 방지 및 탐지가 필요한 장소를 체계적으로 관리하기 위한 대^對도청 프로토콜을 잘 갖추어야 한다. 이는 기업 보안 관리의 일부분이다. 도청 장비 운용 기준과 프로세스가 수립되어 있어야 효율적인 운영과 지속적인 사후 관리가 가능하다. 도청 기술도 계속 발전해가는 만큼 노후하거나 활용도가 떨어지는 장비는 신형 장비로 교체하는 것도 검토하여야 한다. 특히 VIP 집무실이나 경영진 사무실, 중요 회의실에는 첨단 도청 기술에 효율적으로 대응할 수 있는 시스템을 도입하여야 한다. 장비를 선정할 때는 기술/성능 사양서의 구체적인 정보를 요청하거나 용도에 적합한 성능을 충족할 수 있는 기준을 제시하여야 한다.

가장 근본적인 도청 방지책 중 하나를 들자면 실드룸^{Shield Room}을 예를 들 수 있다. 실드룸은 특정 구역이나 룸 내부 전체를 방청防聽 처리하는 전자파 차폐 기술이다. 한마디로 전파 유출을 완전히 차단하는 공간을 형성하는 것이다.

그리고 무엇보다 중요한 것이 담당자의 전문성이다. 국내의 많은 기업이 전문성 없는 직원을 관련 책임자로 두고 있다. 보안 전문가도 아니고 관련 교육을 제대로 받지도 않은 직원이 장비를 운용하다 보니 기능을 제대로 활용하지 못한다. 아무리 좋은 장비도 제대로 활용하지 못한다면 돼지 목에 진주 목걸이일 뿐이다. 다른 분야도 마찬가지이지만 특히 도청 탐지는 다양한 기술과 노하우가 필요하다. 따라서 전문 지식의 유무나 담당자의 의지에 따라 그 효용성은 크게 차이가 난다.

앞서 다룬 것처럼 아날로그 방식의 녹음은 주파수 탐지형 도청 탐지기를 사용하여도 소용이 없다. 중요한 회의에 들어가기 전 참석자들의 전자기기를 모두 맡게 하는, 똑같은 아날로그 방식으로 대응할 수도 있겠지만 좀 더 기술적인 방법을 사용하는 것이 훨씬 나을 것이다. 최근의 무선 도청 장치는 초소형, 플라스틱 재질 등의 특징을 가지고 있어 엑스레이 장비나 금속탐지기로도 찾아내기 힘들다. 이럴 때는 옷이나 가방 속에 숨겨진 장치를 찾아낼 수 있는 장비가 필요하다. 또는 노이즈를 발생시키는 장비로 사람의 목소리 자체를 교란시켜 제대로 된 음성이 녹음되지 않도록 하는 방법을 사용할 수도 있다. 이처럼 담당자는 현장의 환경과 상황에 따라 어떤 장비가 필요한지 선정할 수 있어야 제대로 된 역할을 할 수가 있다. 상시형 탐지기와 이동형 탐지기의 교차 운용과 정기적, 비정기적 탐지 프로세스를 운용할 수 있는 경험, 전문성이 필요한 것이다.

03 융합 보안으로 막는 기업의 정보 유출

1999년, 마이크로소프트^{Microsoft}의 창업자 빌 게이츠^{Bill Gates}는 자신의 저서 ≪생각의 속도(the Speed of Thought)≫에서 컴퓨터와 인터넷의 사용이 증가하면서 '종이 없는 사무실'의 시대가 곧 실현될 것이라고 예측했다.52) 그러나 적어도 아직까지는 그의 예측이 빗나가고 있다. 2000년대 들어 디지털 기술이 지속적으로 발전하였지만 전 세계적으로 종이 소비량은 해마다 늘어나기만 했다. 비록 2007년 이후부터 종이 소비량이 줄어들긴 했지만, 종이 없는 사무실은 아직 별로 와닿지 않는다.53)

종이는 인류의 삶을 바꿔 놓은 발명품 중 하나이다. 인류가 쌓아온 문명은 종이 위에 문자로 기록되어 후세에 전해졌다. 또 다른 인류 최고의 발명품인 인터넷이 디지털 세상을 활짝 열었지만 여전히 종이로 뽑아서 보는 습관은 쉽게 바뀌지 않는 것 같다.

잠깐 다른 얘기를 하자면, 글을 쓰다 보면 컴퓨터 모니터로 보는 것과 종이로 보는 것에 많은 차이가 있다는 걸 알게 된다. 종이로 보면 모니터로 볼 때 보이지 않던 것이 많이 보인다. 이런 차이에 대한 연구가 실제 있었다. 2016년 다트머스대학^{Dartmouth University} 산하의 틸트팩터^{Tiltfactor}연구소가 발표한 실험 결과에 따르면 컴퓨터나 휴대폰으로 글을 읽을 때는 구체적인 사실이나 항목을 잘 기억한 반면, 종이로 책을 읽을 때는 글의 전체적인 스토리나 맥락을 잘 이해하였다고 한다. 디지털 화면은 터널 시야^{Tunnel vision}와 같은 역할을 해 높은 차원의 맥락^{Context}보다

---

52) 빌 게이츠, 안진환 역, 『생각의 속도』, 청림출판, 1999.

53) 김선웅, 윤병삼, 인터넷 보급 확대가 주요국의 종비 소비에 미치는 영향, 한국펄프종이공학회 학술논문, 2017

는 당장의 정보에 집중하게 만든다고 한다.54) 다시 말해 나무보다 숲을 보기 위해서는 디지털 화면보다는 종이로 보는 것이 낫다는 것이다. 아무튼 디지털 시대가 도래하면서 종이는 금방 사라질 것처럼 보였지만 예상과 달리 종이와 디지털은 아직까지 함께 공존하고 있다.

2001년 10월, 이름과 주민등록번호 등 개인 정보가 가득 담긴 종이가 길거리 노점에서 붕어빵을 담아주는 봉투로 돌아다녀 문제가 된 적이 있었다. 봉투로 만들어진 문서들은 당시 관공서와 금융 기관에서 폐지 처분을 위탁하는 과정에서 유출된 것으로 그 양 또한 엄청났다. 유출된 관공서 문서인 주민등록대사표에는 주민등록번호, 혈액형, 혼인관계, 병역사항 등 무려 87가지 개인 정보가 담겨 있었고, 종합토지세과세내역서에는 개인 명의의 토지 소재지, 면적, 취득일, 관련 세금 내역 등 25가지 정보가 담겨 있었다. 또 금융기관의 문서에는 채권추심에 관한 개인 정보, 신용정보, 예금거래내역 등 민감한 정보들이 담겨 있었다. 당시에 개인 정보 관리와 보안 의식이 얼마나 허술했었는지 알 수 있는 사례이다.

여전히 유효한 숨겨서 나가기

빌 게이츠의 예측(?)처럼 출력물 문서는 전자 문서로 많이 대체되어 현재는 전자 문서로 많은 업무가 이루어지고 있다. 전자 문서는 한글, MS-Office와 같은 문서 편집 프로그램으로 만든 문서 파일이나

---

54) Kaufman, G., & Flanagan, M. "High-Low Split: Divergent Cognitive Construal Levels Triggered by Digital and Non-digital Platforms." *Proceedings of the 2016 CHI Conference on Human Factors in Computing Systems, pages* 2773-2777, 2016.

GIF, JPG처럼 이미지 파일 등의 문서를 말한다. 기업에서 일반적으로 가장 많이 쓰는 형태이다. 전자 문서를 사용하면서 보관이나 이동이 편리해졌지만 그만큼 유출의 위험성도 커지고 지키기 복잡해졌다.

기업의 업무 대부분은 문서로 이루어진다고 해도 과언이 아니다. 따라서 문서 보안은 가장 기본적이면서도 중요한 사안이다. 기업의 기밀 정보나 개인 정보가 담긴 문서는 문서 보안 솔루션들을 융합하여 유출을 방지해야 한다. 중요한 제품의 설계 도면을 예로 들면, 설계 도면을 종이 문서나 USB와 같은 저장 장치에 담아 외부로 유출하는 것은 물리 보안 솔루션으로 탐지해 차단해야 하고, 파일 형태의 전자 문서로 외부에 전송하는 것은 정보 보안 솔루션으로 탐지, 차단해야 한다. 물리 보안이나 정보 보안 어느 한 가지만으로 완전히 차단하는 것은 불가능하다.

문서 보안이란, 특정한 문서의 조회·편집·저장·출력을 정당한 권한을 가진 사람만 할 수 있도록 하고 무단 반출과 위·변조를 차단하는 것을 말한다. 보안이라는 것은 무조건 막는 것이 아니라 허가되지 않는 것은 차단하고 정당한 것은 안전하게 사용할 수 있도록 해주는 것이다.

국가정보원 산업기밀보호센터의 자료에 따르면 기업의 기밀 유출은 현직 직원이나 전직 직원 등 내부자에 의한 유출이 전체의 80% 이상을 차지한다. 또 중소벤처기업부 보고서에 따르면 기술 정보의 유출 수단으로는 USB와 같은 휴대용 저장 장치가 38.6%, 복사나 절취 18.2%, 이메일 14.8%, 스마트폰 카메라 촬영 11.4%, 컴퓨터 해킹 4.5% 등의 순으로 나타났다.[55] 결국 내부자가 저장 장치에 자료를 담

---

55) 2017 중소기업 기술보호 수준 실태조사, 중소벤처기업부, 2018.

아가거나 문서로 출력해서 반출해 나가는 것이 가장 보편적인 정보 유출 형태인 것이다.

내부자에 의한 유출이 외부의 침입이나 해커에 의한 유출보다 더 위험한 이유는 그만큼 더 많은 정보에 접근할 수 있고 보안 프로그램의 우회 수단을 손쉽게 찾을 수 있기 때문이다. IT가 발달하면서 업무 처리 속도나 편의성은 훨씬 좋아졌지만 정보를 유출하는 경로도 더 다양해졌다. 이메일 한 통이나 작은 USB 하나면 수많은 자료를 손쉽게 빼돌릴 수 있는 환경이 더해진 것이다.

융복합 문서 보안 솔루션

설계 도면이나 연구개발 계획, 연구 결과 및 각종 데이터 등은 그 중요도에 따라 유출될 경우 회사에 막대한 손해를 끼칠 수 있다. 그만큼 문서 보안은 중요하다. 문서의 외부 유출을 통제하는 보안 솔루션에 대해 몇 가지만 알아보자.

사용자 인증 솔루션은 IC카드나 지문으로 사용자 인증을 거친 후에 문서를 출력할 수 있는 기본적인 문서 보안 프로그램이다. 사용자가 언제 문서를 출력 또는 복사했는지도 확인할 수 있다.

이미지 로그 솔루션^{Image Log Solution}은 프린터기나 복합기를 이용한 모든 문서를 관련 프로세스의 세부 정보 및 장치 정보와 함께 서버에 이미지로 저장한다. 문서가 외부로 유출되면 그 문서를 누가 출력 또는 복사했는지 확인할 수 있다. 여기에 회사의 기밀 정보나 고객정보, 대외비 등 보안상 금지어로 설정된 단어를 포함하는 문서를 출력하거나 복사할 경우 서버 관리자에게 실시간으로 통보하는 보안 위배 문서 검출 기능을 같이 탑재하기도 한다. 워터마크^{Watermark} 기능은 출력된 문서에 출력한 사람, 출력 일시, 사용한 프린터기의 정보 등을 자동으로 인쇄하는 것으로, 이미지 로그 솔루션과 마찬가지로 문서가 외부에 유출되었을 경우 최초 출력자가 누구인지 확인이 가능해 유출 경로를 추적할 수 있다.

특수한 용지를 활용하는 보안 솔루션도 있다. 복사 방해 용지는 출력한 원본 문서를 다시 복사하거나 스캔하면 'Copy'와 같은 워터마크를 자동으로 노출하여 해당 문서가 원본인지 아닌지 바로 확인할 수 있다.

기밀 정보를 관리하기 위하여 보안 용지를 사용하기도 한다. 보안 용지는 용지 내에 센서 물질을 삽입한 전자 감응 인쇄용지를 말한다. 이 용지로 출력한 문서는 가방이나 옷 안에 안 보이게 숨겨도 출입구에 설치한 보안 게이트에서 탐지된다. 게이트 센서가 보안 문서를 탐지하면 경보음이 울려 유출을 차단하는 방식이다. 최근에는 보안 프린터와 보안 용지, 보안 게이트로 구성된 통합 문서 보안 솔루션을 적용하는 사례도 늘고 있다. 보안 프린터는 일반 용지로는 출력이 안 되고 보안 용지를 사용하여야만 출력이 가능하다. 보안 용지로 출력한 문서는 보안 게이트에서 탐지되기 때문에 종이로 출력한 문서가 유출되는 것을 원천적으로 차단한다.

PC 환경에서 적용되는 문서 보안 솔루션도 있다. DRM^{Digital Rights Management}은 전자 문서를 암호화해서 인가된 사용자만 문서를 볼 수 있게 하는 솔루션이다. 인가된 사용자가 아닌 다른 사람이 문서를 확보하더라도 내용을 확인할 수 없다. DRM은 전자 문서의 중요도에 따라 사용자의 권한을 차별적으로 부여해야 하고 다양한 종류의 문서에 암호화 및 복호화를 지원해야 한다. 또한 직접적인 사용 권한이 없는 사용자가 문서를 확인하려면 해제 권한이 있는 사람이 매번 승인을 해줘야 하는 번거로움이 있다.

DLP$^{\text{Data Loss Prevention}}$는 전자 문서가 외부로 나가는 경로를 차단하는 솔루션이다. 웹 메일이나 메신저, 웹하드, P2P서비스 등 온라인을 통한 유출을 모니터링하고 차단하는 네트워크 DLP와 출력 문서나 USB와 같은 저장 매체를 사용하는 오프라인 유출을 제어하는 엔드포인트 DLP가 있다.

문서 중앙화 솔루션은 문서의 외부 유출을 방지하고 안전하게 관리하기 위해 데이터 파일을 중앙 서버에 저장하는 방식이다. 모든 데이터를 중앙 서버에 저장하므로 보안성이 높고 데이터를 효율적으로 관리할 수 있는 장점이 있다. SBC$^{\text{Server Based Computing}}$도 모든 데이터를 중앙 서버에 저장하는 방식인데 여기에 더해 기존 PC 환경에서 개별적으로 구동되던 문서 편집 프로그램까지 중앙 서버에서 실행한다. 개인 PC로 문서를 작성할 수 있지만 문서 자체는 중앙 서버에서 만들어져 보안성이 더 높은 솔루션이라고 할 수 있다.

03 인공지능과 사물인터넷이 불러온 융합 보안

2018년 한국정보보호산업협회의 보고서에 따르면 국내 보안 시장의 전체 규모는 10조 원을 넘어섰다. 물리 보안 시장이 7조 원, 정보 보안 시장이 3조 원대에 달한다.56) 전 세계에서 국내 보안 시장이 차지하는 비중은 2%대로 미미한 수준이지만 성장세는 지속적으로 이어지고 있다. 특히 4차 산업혁명 시대의 보안은 인공지능(AI)과 사물인터넷(IoT)의 결합으로 기존에 없었던 다양한 서비스를 선보이고 있다.

전통적인 사업에 정보통신기술(ICT)이 녹아들면서 발생하는 보안 이슈 때문에 최근 들어 융합 보안이 크게 대두되고 있다. 기존의 물리 보안과 정보 보안이 결합하는 형태와는 다른, 새로운 개념의 융합 보안이라고 할 수 있다.

알렉사^{Alexa}는 아마존에서 개발한 인공지능 비서 플랫폼이다. 아마존은 알렉사 에코$^{Amazon\ echo}$라 불리는 원통형 스마트 스피커에 홈시큐리티$^{Home\ Security}$ 기능을 탑재한 알렉사 가드$^{Alexa\ Guard}$ 서비스를 지난해 출시했다. 집을 나서면서 "알렉사, 나 이제 나간다."같은 식으로 한마디만 하면 인공지능 스피커인 알렉사 에코가 경비 모드에 들어간다. 그리고 조용히 숨죽이고 소리에 집중한다. 유리가 깨지는 소리가 나거나 가스, 화재 경보기가 울리면 집주인에게 스마트폰으로 바로 알려 준다. 또 집 밖에서 수상한 행동을 하는 사람을 감지하거나 누가 집에 침입하면 연계된 보안 업체에 스스로 신고한다. 저녁이 되면 집에 사람이 있는 것처럼 알아서 불을 켜기도 한다.

CCTV나 IP 카메라의 영상, 음성 신호를 분석해 평상시와 다른 움직임이나 소리를 감지하고, 집 안에 설치된 센서를 활용하여 다양한 기능을 수행하는 홈시큐리티 서비스이다.

이처럼 기존의 물리 보안 시스템에 인공지능 기술이 접목되면서 본격적인 인공지능 홈 보안 시대가 열렸다. 아마존뿐만 아니라 구글, 애

---

56) 이유지, "국내 정보보안 · 물리보안 산업 규모 10조원 돌파...전년비 5.3%↑", 바이라인네트워크, 2019. 1.

플 등의 글로벌 대기업들이 앞다투어 스마트 홈 보안 시장에 진출하고 있다. 인공지능 기술과 결합한 물리 보안 시스템이 홈시큐리티 뿐만 아니라 기업 보안 서비스에도 본격적으로 적용될 시기가 빠르게 다가오고 있다.

사물인터넷은 사람과 사물, 장소, 공간 등 유무형의 사물들이 서로 연결되어 정보를 주고받고, 이러한 연결을 통해서 기존에 없던 새로운 기능과 서비스를 제공하는 것을 의미한다.

이탈리아의 글로벌 타이어 제조업체인 피렐리Pirelli는 사이버 카Cyber Car라고 불리는 최신 스마트 타이어 시스템을 선보였다. 타이어에 내장된 센서가 노면의 상태, 타이어의 온도와 압력 등의 정보를 모니터링하여 운전자에게 알려준다. 스마트폰 앱으로도 확인할 수 있다. 또한 타이어가 너무 마모되었거나 압력이 수준 이하로 내려가면 이를 알려주어 유지 관리에 도움을 주고, 노면이 미끄러운 도로를 주행할 때도 이를 미리 알려주어 사고를 예방하게 한다. 타이어에 사물인터넷이 결합되어 타이어와 운전자가 직접 소통하는 것이다.

사람들의 일상과 밀접하게 연관한 것에 이처럼 인공지능과 사물인터넷 기술이 접목되면서 해킹 피해 가능성은 점점 높아지고 있다. 인공지능과 사물인터넷으로 열린 시장에 기업들이 새로운 서비스와 제품을 선보이며 진출을 가속하고 있는 반면, 보안에 대한 대비책은 아직 부족하다. 일상으로 퍼지는 이러한 제품들을 통한 피해 시나리오가 현실이 될 가능성이 점점 높아지고 있는 것이다. 특히 보안 아키텍처를 구축하기 어려운 회사들이 내놓는 제품에서 피해가 발생할 가능성이 높다. 기기를 해킹하여 설정을 원격으로 바꿀 수 있고 명령을 내릴 수도 있다. 기기에서 민감한 정보를 빼내거나 시스템을 공격할 수 있고 디지털 도청도 가능하다.

2010년, 라모스 로페즈^{Ramos Lopez}는 자동차 매장인 텍사스 오토 센터 ^{Texas Auto Center}에서 해고되었다. 당시 자동차 매장에서는 할부로 차를 산 뒤 할부금을 미납하거나 연체하면 원격으로 시동이 걸리지 않게 하는 웹텍 플러스^{Webtech Plus}라는 프로그램을 판매한 차에 설치했었다. 해고에 불만을 품은 로페즈는 회사의 시스템을 해킹하여 웹텍 플러스에 접속한 뒤 원격으로 100대가 넘는 차량의 시동이 걸리지 않게 하고 경적을 울리게 하는 사건이 있었다.[57]

2015년, 우버^{Uber}의 최고 보안책임자이자 화이트 해커였던 찰리 밀러 ^{Charlie Miller}와 크리스 발라섹^{Chris Valasek}은 한 컨퍼런스에서 자동차 해킹을 시연했다. 이들은 지프^{Jeep} 체로키 차량의 에어컨과 라디오, 와이퍼 등을 원격으로 조작했다. 해당 차량에는 오디오와 내비게이션 등 각종 기능을 컨트롤하는 시스템인 유커넥트^{Uconnect}를 탑재하고 있었다. 해커들은 유커넥트 시스템이 연결된 셀룰러 네트워크의 취약성을 찾아내 공격한 것이었다. FCA사^{Fiat Chrysler Automobiles N.V.}는 이 일로 140만 대의 차량을 리콜한다고 발표했다. 이후에도 이들은 새로운 보안 시스템을 우회하는 방법을 찾았고 원격은 아니지만 차량 안에서 핸들과 가속페달을 조작하며 차량을 완전히 장악하는 시연을 선보였다. 현대식 차량의 컴퓨터 시스템에는 내부 버스^{Internal Bus}[58]인 CAN^{Controller Area Network}[59]이

---

57) Kevin Poulsen, "Hacker Disables More Than 100 Cars Remotely", <Wired>, 2010.03.17. https://www.wired.com/2010/03/hacker-bricks-cars/

58) 컴퓨터 시스템에서 그 시스템 내 또는 장치 내에 밀폐되어 있는 버스이다. 내부 버스는 기억,

장착되어 있는데 이를 통해 차량의 각종 기기와 컨트롤러가 서로 커뮤니케이션한다. 해커들은 이런 CAN의 접속 권한을 얻어 브레이크, 핸들과 페달을 조작할 수 있었던 것이다.[60]

사물인터넷을 구성하는 사물들은 무선인터넷으로 통신하기 때문에 구조적으로 취약한 특성을 가지고 있다. 그러나 전통적인 보안 솔루션의 통제 전략과 기술을 사물인터넷 환경에 바로 적용하긴 어렵다. 다양한 기술 규격과 시스템을 사용하는 기기들이 연결되어 있기 때문에 아직 해결해야 할 것이 많다. 빈약한 보안 수준도 문제지만 사용자의 보안 의식 부족도 문제이다. 융복합 시대의 보안 피해를 최소화하기 위해서는 제품을 제작하고 기획하는 초기 단계부터 보안의 중요성을 심도 있게 다뤄야 하는 것은 물론, 여러 기술의 융합인 사물인터넷을 주도하는 글로벌 보안 표준이 필요하다.

05 가상 인물의 덫에 걸린 표적들

중동의 한 석유회사 직원은 한 달 전부터 미아 애시$^{Mia\ Ash}$라는 여인

연산, 제어 기능을 실현하기 위한 CPU와 주기억 장치, 입출력 장치, 외부 기억 장치, 주변 장치, 통신 처리 장치 등의 제어부 사이를 연결하는 버스이다.

59) CAN-데이터 버스는 주로 자동차 안전시스템, 편의사양 시스템들의 ECU(electronic control unit)들 간의 데이터 전송 그리고 정보/통신 시스템 및 엔터테인먼트 시스템의 제어 등에 사용된다

60) Andy Greenberg, "Hackers Remotely Kill a Jeep on the Highway—With Me in It", <Wired>, 2015.07.21.
https://www.wired.com/2015/07/hackers-remotely-kill-jeep-highway/

과 메시지를 주고 받고 있었다. 그는 비즈니스 인맥 서비스인 링크드인Linkedin을 통해 그녀를 처음 알게 되었다. 미아는 사진작가로 성공한 매력적인 여성이었다. 일에 관한 이야기로 시작된 인연은 페이스북 친구로 이어졌다. 그녀의 페이스북 프로필에는 영국의 스태퍼드셔주Staffordshire에서 태어났고 영국왕립예술학교에서 미술을 전공한 뒤 런던대학교에서 순수미술 석사학위를 받았다고 적혀 있었다. 프리미어리그 아스널FC의 열성 팬이고 런던에서 스튜디오를 운영하며 활발하게 활동하는 사진작가였다. 그녀의 링크드인과 페이스북에는 500명이 넘는 친구가 등록되어 있었고 그중에는 유명 사진작가와 전문직 종사자도 많았다. 그녀가 인스타그램Instagram이나 페이스북에 사진을 올리면 그녀를 좋아하는 사람들의 댓글이 이어졌다.

둘의 대화는 사진과 취미, 여행 등으로 넓어졌고 메신저 서비스인 왓츠앱WhatsApp으로 대화를 주고받을 정도로 친해졌다. 몇 주 동안 친밀한 대화를 주고 받던 미아는 그에게 '사진 설문조사-복사본(Copy of Photography Survey)'이란 제목의 엑셀 파일을 이메일로 보내면서 회사 네트워크에서 열어 보도록 유도했다. 이 파일에는 멀웨어 퓨피랫PupyRAT을 내려받는 악성코드가 심어져 있었다.61)

이후 인터넷에서 1년 이상 활동하던 미아는 갑자기 흔적도 없이 사라졌다. 페르소나Persona는 고대 연극에서 배우들이 쓰던 가면을 뜻하는 라틴어에서 유래된 말로 '가면을 쓴 인격'을 뜻한다. 미아 애시는 소셜 네트워크 서비스(SNS)상에서만 존재하던 가상의 인물이었다. 그의 프로필 사진과 셀카들은 모두 루마니아 출신의 사진작가 크리스티

---

61) SecureWorks CTU Team, "The Curious Case of Mia Ash: Fake Persona Lures Middle Eastern Targets", <Secureworks Research>, 2017.07.27.
https://www.secureworks.com/research/the-curious-case-of-mia-ash

나 마테이^{Cristina Mattei}의 사진을 도용한 것이었다.

미아 애시의 정체를 제일 먼저 포착한 것은 보안 업체인 시큐어웍스^{SecureWorks}였다. 미아의 배후를 추적한 시큐어웍스는 이란 정부가 주도하는 코발트 집시^{COBALT GYPSY}라고 불리는 사이버 해킹 조직이 배후에 있을 가능성이 높다고 보았다.[62]

해킹 조직은 미아 애시라는 가상의 인물을 이용하여 특정한 대상을 목표로 삼아 접근하였다. SNS에 공개된 전문 분야, 직책, 근무지 등의 정보를 바탕으로 원하는 표적을 쉽게 찾아낼 수 있었다. 온라인에서 그녀와 만난 남성들은 사진작가로서 성공적인 경력과 많은 친구를 가진 지적이고 매력적인 외모의 여인에게 쉽게 빠져들었다. 그녀는 표적을 정하고 페이스북이나 메신저로 친해진 후 사진 파일을 가장한 피싱 이메일이나 링크를 보내 해킹을 시도했다.

시큐어웍스는 그녀의 온라인 친구들이 두 개의 특징적인 그룹으로 이루어져 있는 것을 발견했다. 하나는 실제 사진작가나 사진 관련 전문가들이었다. 그녀는 그들과 친구를 맺어 자신의 프로필을 보다 사실처럼 보이게 했다. 나머지 그룹은 사우디아라비아, 이라크, 이스라엘, 인도 등 주로 중동과 아시아 지역에 기반을 둔 통신, 방위, 항공우주, 석유 및 가스, 의료, 금융 서비스 분야의 기업에 근무하는 소프트웨어 개발자, 기술지원 엔지니어 또는 IT관리자들에게 초점이 맞춰져 있었다. 이들은 프로젝트 관리자 수준 이상의 직책을 가지고 있었는데 이는 회사 네트워크 안에서의 높은 접근성을 의미한다. 신속하게 목표 환경에 접근하기에 유리한 수준의 권한을 가진 이들은 이란 해

---

62) Thomas Brewster, "With Fake News And Femmes Fatales, Iran's Spies Learn To Love Facebook", <Forbes>, 2017.07.27.
https://www.forbes.com/sites/thomasbrewster/2017/07/27/iran-hackers-oilrig-use-fake-personas-on-facebook-linkedin-for-cyberespionage/#4cea184349af

킹 조직의 표적이 되었다. 시큐어웍스의 보안 전문가인 앨리슨 위코프[Allison Wikoff]는 "미아 애시는 지금까지 본 것 중에 가장 정교하게 조작된 가상의 인물"이라고 전했다.[63]

이란의 해킹 조직은 앞서 사우디의 세계 최대 석유 회사인 사우디 아람코[Saudi Aramco]를 공격한 적이 있다. 샤문[Shamoon]이라는 멀웨어를 이용해 아람코 본사에 있던 3만 5천여 대의 컴퓨터 하드디스크 데이터를 삭제했다. 이후에도 샤문 공격을 통해 사우디아라비아를 비롯한 중동 여러 나라의 기관이나 단체의 컴퓨터를 공격하기도 하였다.

가상의 인물을 이용한 SNS 페르소나가 완전히 새로운 것은 아니다. 2010년에는 로빈 세이지[Robin Sage]라는 여성이 있었다. 그녀는 25세의 젊고 매력적인 여성으로 미 해군 네트워크전쟁사령부(NETWARCOM)에서 사이버 위협 분석가로 근무하고 있었다. MIT를 졸업하고 미 국가안보국(NSA)에서 인턴으로 근무한 경력을 가진 그녀는 링크드인, 페이스북, 트위터를 통해 왕성히 활동하며 사이버 세상에서 한 달 만에 300명이 넘는 인맥을 만들었다. 그중에는 합참의장, 미 국가안보국의 CIO(최고정보책임자), 해병대의 정보 책임자 등 군 고위 인사와 록히드 마틴[Lockheed Martin]과 같은 대형 방위산업체의 고위 임원들도 있었다. 그녀의 친구 요청에 로빈을 기억하지 못하던 몇몇은 망설였지만, 정부의 관련 모임에서 만난 적이 있다는 얘기를 듣고 그녀의 인맥을 보고는 이내 친구 요청에 응하였다. 로빈의 SNS 친구들은 그녀의 요청에 많은 데이터를 공유했다. 그녀는 아프가니스탄에 있는 비밀 기지 위치

---

63) Ionut Arghire, "Iran-Linked Hackers Use "Mia Ash" Honey Trap to Compromise Targets", <SecurityWeek>, 2017.08.01.
   https://www.securityweek.com/iran-linked-hackers-use-mia-ash-honey-trap-compromise-targets

와 부대의 이동 경로에 대한 정보까지 손쉽게 얻어낼 수 있었다. 그녀의 활동이 점점 활발해지면서 록히드 마틴을 비롯한 여러 기업에서 컨설팅 제안을 받았고 사이버 보안과 관련한 컨퍼런스에 참석해 연설을 해달라는 부탁까지 받았다.

사실 그녀는 보안 전문가인 토마스 라이언^{Thomas Ryan}이 만든 가상의 인물이었다. 그는 국가 안보와 관련한 기관의 전문가들을 대상으로 SNS를 통한 위협의 가능성을 시험하고 있었다. 전문가들을 속이는 건 생각보다 쉬웠다. 로빈의 프로필 사진은 사실 잘 알려지지 않은 포르노 배우의 사진이었다. 심지어 '로빈 세이지'라는 이름은 노스캐롤라이나 지역의 군부대에서 매년 실시하는 군사 훈련의 명칭이었다. 이 실험은 온라인 세상에서 얼마나 쉽게 경계가 허물어질 수 있는지를 잘 보여준다. 군사나 안보전문가도 예외는 아니었다.

치명적인 아름다움으로 남자를 유혹해 파멸에 이르게 하는 여자를 팜므 파탈^{femme fatale}이라고 한다. 프랑스어로 '팜 파탈'이 올바른 표기법이지만 대개 팜므 파탈이라고 한다. 이처럼 가짜 신분의 여성을 만들어 내는 것은 예전부터 있어왔던 고전적인 수법이다. 그러나 이전에는 어쨌던 실제로 사람이 필요했다면, 이제는 온라인상에서만 존재하는 실체가 없는 가상의 인물을 만들어낸다.

이제 사이버 세상이 스파이들의 주무대가 되었다. 하지만 여전히 달라지지 않은 것이 있다면 대부분 미인계에 약한 남성들이 타깃이라는 점이다.

기원전 45년, 율리우스 카이사르^{Gaius Julius Caesar}가 로마에 처음 비단을
수입하였다. 이후 로마의 귀족들 사이에서 비단은 최고급 옷감으로
큰 인기를 끌었다. 로마인들이 비단을 처음 본 것은 파르티아 왕국과
의 '카레^{Carrhae} 전투'에서였다. 전쟁 중에도 파르티아인들이 두르고 있
던 비단의 독특한 아름다움이 눈길을 사로잡았던 것이다.

로마의 귀족들은 특유의 촉감과 유연한 질감, 은은한 광채가 나는
비단의 매력에 푹 빠졌다. 얼마 지나지 않아 로마에서는 남녀를 불문
하고 비단옷을 입는 것이 유행처럼 번졌다. 그때까지 옷감으로 사용
하던 면이나 양모와는 비교할 수 없을 정도로 비단의 품질이 우수했
기 때문이었다. 당시의 비단 열풍이 얼마나 심했던지 로마의 지식인
이었던 플리니우스^{Gaius Plinius Caecilius Secundus}는 비단 수입 때문에 경제가
고갈될 지경이라고 비판했고, 티베리우스^{Tiberius Caesar Augustus} 황제는 비단
의 인기가 퇴폐를 조장한다고 하여 비단옷 자체를 금지할 정도였다.
중국에서 로마에 이르는 교역로를 '실크로드'로 명명한 것만 봐도 당
시 비단의 인기가 어느 정도였는지 짐작할 수 있다. [64]

중국은 비단 만드는 기술을 국가적인 기밀로 간주하고 다른 나라
에 새어 나가지 않도록 했다. 당시 로마에서는 비단이 누에고치에서
나오는 실로 짜는 것이 아니라 나뭇잎에서 나오는 솜털로 만드는 것
이라 생각했다고 한다. 중국의 비단 기술을 빼내기 위한 노력은 여
러 가지 설화로 전해진다. 그중 한 가지는 서기 550년, 유스티니아
누스^{Justinianus} 대제를 모시던 두 사제가 중국에서 누에 알과 뽕나무 씨

---

64) 홍익희, 『유대인 이야기』, 행성B, 2013.

를 지팡이 속에 몰래 숨겨왔다는 것이다. 그로 인해 마침내 비단 만드는 기술이 유럽 전체로 서서히 퍼져나갔다고 한다. 어떤 설화說話가 실화인지는 알 수 없지만 어쨌든 중국에서 몰래 빼 온 것은 사실일 것이다. 오늘날로 치면 국가적인 산업 기밀이 유출된 것이다. 자국의 이익을 위해 남의 나라 기술을 훔치는 일은 예나 지금이나 다를 것 없는 듯하다.

영국 출신으로 미국의 산업혁명가로 불리는 사무엘 슬레이터Samuel Slater의 사례도 있다. 19세기 영국은 선진 기술을 보유한 세계적 강국이었다. 당시 미국은 경제 성장을 위해 수단과 방법을 가리지 않고 영국의 선진 기술을 확보하려고 눈독을 들이던 시기였다.

사무엘 슬레이터는 영국의 발명가인 제데디아 스트럿Jedediah Strutt 밑에서 수습생으로 일하며 방적 기술을 익힌 직조 기술자였다. 당시 미국의 기업가들은 슬레이터와 같은 영국의 숙련공을 끌어들이기 위해 공개적으로 좋은 조건을 내걸고 광고를 하였다. 직조 기술을 가진 슬레이터는 스물한 살이 되던 해에 몰래 미국으로 건너갔다. 영국은 숙련된 기술공의 해외 이주를 법으로 금지했기 때문에 그는 농장 노동자로 가장했다. 미국에 도착한 그는 광고를 보고 사업가인 모시스 브라운Moses Brown에게 연락했다. 이후 브라운의 투자를 받은 슬레이터는 1793년 로드아일랜드 주 포터킷Pawtucket에 미국 최초의 면방적 공장을 설립하였고, 이것이 미국 산업혁명의 신호탄이 되었다. 미국의 입장에서 보면 슬레이터는 미국 산업화의 물꼬를 터준 업적으로 존경받을 만한 인물이다. 앤드루 잭슨Andrew Jackson 미국 대통령은 슬레이터를 '미국 산업혁명의 아버지'로 칭송하기도 하였다.

21세기 신新 스파이 전쟁의 시대

산업 기술을 탈취하고 유출하던 역사는 아주 오래전부터였다. 앞서 예로 든 사례들은 오늘날 기업이나 국가의 이익을 위해 남의 기술을 훔치는 스파이의 원조격이다. 제2차 세계대전이 끝나고 소리 없는 전쟁의 시기였던 냉전 시대는 말 그대로 스파이의 전성시대였다. 미국과 소련을 위시한 양대 진영은 서로 치열한 정보 전쟁을 펼쳤다. 그러다 80년대 말 냉전 시대가 서서히 막을 내리면서 스파이의 전성시대도 저물었다. 정보 통신 기술의 진보도 여기에 한 몫을 했다.[65] 휴민트Humint[66] 위주였던 정보 수집을 통신 감청이나 위성 추적 등의 기술적 영역이 점점 대체해 갔기 때문이다.

이념적, 정치적 대립의 영역에서 활동하던 스파이의 역할은 줄어들었지만 이제 새로운 영역에서 스파이의 역할이 점점 더 커지고 있다. 바로 '산업 스파이'의 영역이다. 냉전 시대의 스파이가 주로 군사 기밀을 빼내는 역할을 담당했다면 지금의 신新 스파이는 국가나 기업의 첨단 산업 기술을 빼내는 역할로 임무의 초점이 바뀌었다.

미래학자 엘빈 토플러Alvin Toffler는 그의 저서 『권력이동(Powershift)』에서 "권력은 무력에서 자본으로 그리고 미래에는 지식으로 이동할 것이며, 산업 스파이가 21세기에 가장 큰 산업 중 하나가 되고, 정보 전쟁과 날로 늘어가는 경제·금융 스파이가 이 세기를 특징 지을 것"이라고 예측했다.[67]

---

65) 송병건, 「음지와 양지의 경계에서 스파이의 역사」, KDI경제정보센터, 2012년 9월.

66) human(사람)과 intelligence(정보)의 합성어로, 정보원이나 내부 협조자 등의 인적 네트워크를 활용해 얻은 정보 또는 그러한 정보수집 방법을 말한다.

최근 미국을 향한 중국의 첩보 활동은 냉전 시대의 스파이 전쟁을 방불케 한다. 최근의 스파이는 시대의 변화에 따라 활동 무대와 활동 방식이 바뀌고 있다. 냉전 시대 스파이의 주 무대는 정부 기관과 각국의 대사관이 몰려 있는 정치와 행정의 중심 지역인 동부 워싱턴 D.C. 일대였다. 그러나 이제는 서부 샌프란시스코 일대의 실리콘밸리에서 활동하는 스파이들이 갈수록 늘어나고 있다.

세계 정치의 중심이었던 워싱턴에서 세계 정보기술(IT) 허브인 실리콘밸리로 좌표가 이동하는 것이다. 한 보안 전문가는 실리콘밸리의 개방적인 문화가 스파이들이 침투하기에 좋은 환경을 제공하고 있다고 한다. 그리고 과거에는 대사관이나 영사관에 기반을 두고 신분을 위장해 정보 활동을 하는 것이 전형적이었다. 그러나 최근 중국은 자국 출신의 사업가, 연구원, 교환교수, 유학생, 여행객까지 포섭해 정보 수집의 창구로 활용하고 있다.68)

최근 미국 명문대 사전 입학전형에서 선발된 합격자 중 예년과 달리 중국 출신 학생이 한 명도 없다는 뉴스가 보도된 적 있다. 중국의 기술 유출 행위에 대한 미국의 경계심이 높아지면서, 중국 출신 유학생까지 잠재적인 스파이가 될 수 있다는 우려 때문이라는 분석이다. 최근 '기술 굴기崛起'에 열을 올리는 중국이 수단과 방법을 가리지 않고 다른 나라의 기술을 탈취하는 현실을 보면 새삼스러울 것도 없어 보인다.

67) 앨빈 토플러, 이규행 감역, 『권력이동』, 한국경제신문사, 2002.
68) 홍수영, "세계 IT 허브, 첨단기술 둘러싼 '창과 방패' 정보戰場으로", <동아닷컴>, 2018. 8. 4.

산업을 지키면 산업 보안? 기업을 지키면 기업 보안?

산업 보안이라고 하면 일반적으로 산업 기술을 보호하는 것이라고 생각해 볼 수 있다. 물론 산업 보안의 가장 중요한 역할이 산업 기술의 유출을 방지하고 보호하는 것이다. 그러나 산업 기술을 보호하는 것이 산업 보안의 전부는 아니다.[69]

최진혁 교수는 "기업 및 기관 등에서 행하는 전반적인 보안활동을 산업 전체에 확산하여 국가 핵심기술 혹은 주로 산업기밀 및 영업비밀 등을 보호하기 위한 예방적·보호적 활동"이라고 산업 보안을 정의하였다.[70] 기업의 기술 유출이라는 범위를 넘어서 산업에 관한 모든 기술과 정보 등이 유출되지 않도록 보호하는 대책과 활동이 산업 보안이라는 것이다. 우리나라보다 산업 보안이 일찍 발달한 선진국에서도 전체적인 산업 영역의 자산을 보호하고 손실을 예방하는 넓은 차원에서 산업 보안을 규정하고 있다.

산업 전체로 확산하여 기술과 정보의 유출을 예방하고 보호하는 활동이 산업 보안이라면, 기업 보안은 기본적으로 기업의 기밀과 정보와 자산 등의 손실을 예방하고 보호하는 것이라고 할 수 있다. 기업 보안은 해당 기업의 특징적인 가치에 중점을 두면서, 산업 보안에 비해 각 기업의 특성에 맞는 집중적인 보안 관리의 특징을 가지고 있다.

기업 보안은 산업 보안의 범주에서 논의할 수 있지만 보호의 주체와 범위, 그에 따른 집약된 관리 활동의 차이로 산업 보안과 구별할 수 있다.

69) 이창무, "정보보안·산업보안융합보안 간의 차이를 아시나요?", <보안뉴스>, 2014. 9. 24.
70) 최진혁, 산업보안 활동의 효과성 향상을 위한 CPTED기법의 유용성 분석, 용인대학교 박사학위논문, 2009.

8

chapter

기업인을 대상으로 한
계획적인 범행 사례

기업인을 대상으로 한 계획적인 범행은 사전에 충분히 예방하고 대처할 수 있다. 위해 사례의 유형을 분석하는 것은 보다 효과적인 전략을 수립하는 데 도움이 된다. 기업인과 직간접적으로 관련한 모든 사건을 기업인을 대상으로 한 범행으로 다루기에는 그 범위가 너무 방대하고 사건의 특성에 따라 특징적인 형태로 규정하는 의미가 흐려질 수 있다. 따라서 타깃이 특정한 기업인임을 인식한 상태에서 계획적으로 이루어진 직간접 범행으로 사례를 한정하였다.

기업인을 대상으로 한 범행은 그 대상과 방식에 따라 몇 가지 유형으로 구분되는데, 해를 가하는 대상에 따라서는 '당사자 가해^{加害}'와 '당사자의 가족 가해^{加害}'의 유형으로 나타난다. 당사자 가해는 표적으로 삼은 기업인을 납치, 감금하여 협박하거나 신체에 상해를 가하고 극단적으로는 살해하는 방식으로 직접적인 해를 끼치는 형태이고, 당사자의 가족 가해는 해당 기업인의 가족을 납치하여 억류하여 볼모로 삼고 금품을 요구하는 형태이다.

또 범행을 주도하는 방법에 따라서는 '직접 범행'과 '간접 범행'의 유형으로 구분할 수 있다. 직접 범행은 범죄를 계획한 당사자가 직접 주도하여 해를 가하는 형태이고, 간접 범행은 남을 사주하여 대신 해를 가하게 하는 청부 범행의 형태이다. 경찰청에 따르면 청부 살인과 같은 청부 범죄는 매년 증가하는 추세이다.

기업인 대상의 계획적 범행은 금품이나 재산에 관한 문제가 범행의 동기인 경우가 많다. 금품이나 재산을 노린 표적 범죄, 경영권 분쟁이나 사업 관련 문제가 원인이 된 사건, 회사 내부 사정을 잘 아는 전현직 직원들이 범행을 주도하거나 가담하는 사건, 재산에 관련한 가족 간의 다툼이 범죄로 비화된 사건 등 여러 가지 유형의 사례가 있다. 여기서는 2000년대 이후에 발생한 사건을 중심으로 유형별 대표적인 사례를 들어보고자 한다.

01 금품이나 재산을 노린 조직적인 납치 사건

금품이나 재산을 노리고 기업인을 범행 대상으로 삼은 납치 강도 사례들이다. 사전에 범행 대상을 물색하고 일상적인 생활 패턴이나 동선 등을 파악한 후 취약한 장소와 시간대를 노리는 계획적인 범죄 유형이다.

경찰을 사칭하여 사업가 납치

2012년 11월 13일 저녁, 부유한 사업가인 홍모 씨(37)를 납치하기로 모의한 일당들이 홍 씨 집 인근에 숨어서 그가 귀가하기를 기다리고 있었다. 홍 씨가 나타나자 이들은 미리 준비한 흉장 등을 보여주며 경찰관을 사칭한 뒤, 수갑을 채워 승용차로 납치하는 대범한 행각을 벌였다.

이들 일당 5명은 홍 씨를 대구의 한 원룸으로 끌고 가 30시간 넘게 감금한 채 폭행하고 협박하였다. 그런 다음 홍 씨의 여동생에게 연락, 몸값 6억 원을 고속도로 졸음쉼터에 두고 가라고 지시하여 현금을 가로챈 뒤 홍 씨를 풀어 주었다. 이들 중 일부는 그 이후에도 대포폰으로 홍씨에게 연락해 6억 원을 더 주지 않으면 가족들을 해치겠다고 위협하다가 결국 경찰에 모두 검거되었다.

조모 씨(40) 등 납치범 일당은 홍씨가 현금을 많이 가지고 있다는 걸 알고 범행 대상으로 삼았으며, 3개월 전부터 피해자의 집 주변과 생활 패턴을 관찰하고 역할을 분담하는 등 치밀하게 범행을 준비한 것으로 드러났다.

주택에 침입하여 자고 있던 사업가 납치

2013년 1월 10일 새벽 2시경, 복면을 한 괴한들이 충북 청주의 한 주택에 몰래 침입했다. 이들은 방에서 잠을 자고 있던 중소기업 사장 김모 씨(52)를 흉기로 위협하여 금고에 있던 현금을 빼앗은 다음 곧바로 김 씨를 납치했다. 얼굴을 가리고 손을 묶은 뒤 미리 준비한 차량에 태워 5시간 동안 끌고 다니면서 김 씨의 신용카드로 1700만 원을 인출한 뒤, 아침 7시경 김 씨를 한적한 대로변에 풀어 주고 달아났다. 납치범 일당 3명은 범행 전 한 방송에서 김 씨가 나오는 것을 보고 그의 신상과 거주지를 확인한 것으로 알려졌다.

고속도로에서 사업가 청부 납치

2007년 6월 10일, 건설회사 사장인 이모 씨(45)는 지인과 함께 지방으로 내려가고 있었다. 호남고속도로를 타고 전남 담양군 창평면을 지날 때쯤 갑자기 나타난 차량들이 이 씨의 차를 가로막고 갓길에 세우게 했다. 강제로 차를 세운 일당은 그 자리에서 이 씨와 지인을 납치했다. 조직폭력배였던 이들은 12시간 동안 피해자들을 끌고 다니면서 폭행하고 협박해 3억 원 상당의 현금 지불 각서를 받아내고 나서 풀어 주었다.

이 사건은 범행이 있기 몇 주 전, 이 씨와 거래관계에 있던 업체 대표가 조직 폭력배인 박모 씨(23)에게 "이씨가 어음 12억 원어치를 할인해 주기로 했는데 약속을 안 지키고 있다. 손해배상 명목으로 3억 원을 받아내면 각자 3000만 원씩 주겠다."며 납치를 사주하자 조직 폭력배인 박 씨가 조직원 5명을 끌어들여 벌인 범행이었다.

중국 화웨이^{華岳}그룹 회장 납치

2016년 5월 10일 오전 9시(현지 시각), 중국 화웨이^{華岳}그룹의 잔바오스(55)^{岔寶石} 회장이 출근길에 산시^{山西}성 다퉁^{大同}시에서 납치당했다. 잔바오스 회장은 자산 42억 위안(약 7500억 원) 규모의 화웨이그룹 외에도 베이징에서 여러 기업을 운영하면서 산시성 정치협상회의 위원, 다퉁시 인민대표회의 대표 등을 맡고 있던 재력가였다. 납치범들은 잔바오스 회장을 인질로 잡고 몸값으로 2000만 달러(약 234억 원)를 요구하였다.

잔바오스 회장이 납치되었다는 신고를 받은 중국 공안은 곧바로 도로를 봉쇄하고 500여 명의 인원을 동원해 수사에 착수했다. 납치범들의 이동 경로를 추적하던 공안은 다음 날 아침 6시경 의심스러운 차량 두 대를 발견하고 곧바로 추격했다. 추격을 따돌리고 도주하던 용의자들은 인근 도시의 도로에서 차량이 가로막히자 총을 쏘며 격렬하게 저항했다. 총격전 끝에 공안은 용의자들을 전부 사살했다. 이후 다퉁시 공안국은 잔바오스 회장의 신병을 안전하게 확보했다.

대만에서 홍콩 석유 재벌 납치

2015년 9월 20일 오전 10시(현지 시간), 대만 신베이新北시 신뎬新店구에서 펄오리엔탈오일東方明珠石油그룹의 웡육콴(67)黃煜坤 회장을 괴한들이 납치했다. 웡육콴 회장은 부동산으로 자수 성가하여 펄오리엔탈오일을 세운 부호로 그의 자산 규모는 한화로 약 3조 원에 달하는 것으로 알려졌다.

납치된 지 거의 한 달 만에 납치범들은 몸값 7000만 홍콩달러(약 100억 원)를 요구하는 이메일을 가족에게 보냈다. 합동수사를 펼치던 대만과 홍콩 경찰들은 끈질긴 추적 끝에 10월 27일 새벽, 대만 남부 윈린雲林현에 위치한 납치범들의 아지트를 급습하여 웡육콴 회장을 구출하고 주범인 차이원리蔡文力 등을 체포하였다.

납치범들은 경찰의 수사망을 피하기 위해 위조된 자동차 번호판을 이용하고, 위치 추적을 우려해 휴대폰도 사용하지 않았던 것으로 드러났다. 경찰 수사 결과 대만 최대 폭력 조직 주롄방竹聯幇이 이 사건에 연루된 것으로 확인되었다. 경찰은 구출 과정에서 주롄방 조직원 등 15명을 체포하였다. 38일 만에 극적으로 구조된 웡육콴 회장은 온몸에 멍이 들고 쇠약한 상태였지만 건강에는 큰 이상이 없었던 것으로 알려졌다.

그리스 최대 선박 회사인 아타카^{Attica}그룹 창립자 납치

2009년 1월 12일 아침, 그리스의 유명한 해운 재벌인 아타카^{Attica}그룹의 창립자인 페리클리스 파나고풀로스(74)^{Pericles Panagopoulos}가 아테네 근교 카보리^{Kavouri}의 자택을 나선지 얼마 지나지 않아 괴한들에게 납치당했다. 납치범들은 트럭으로 파나고풀로스가 탄 승용차를 강제로 세운 뒤 운전사와 함께 그를 다른 차에 태우고 사라졌다. 얼마 뒤 운전사는 납치 현장 북동쪽 지역인 코로피^{Koropi} 인근 마을 수풀에서 손이 묶인 채로 발견되었으며, 납치에 사용한 차량 두 대도 근처에서 불에 탄 채 발견되었다.

납치범들은 몸값으로 4천만 유로(약 716억 원)를 요구했다. 경찰은 그리스 전역으로 수사를 확대하는 한편 납치범들에게 "파나고풀로스의 건강이 좋지 않아 치료를 받아야 하는 상태이니 인도적인 차원에서 조속히 풀어줄 것"을 촉구하였다. 결국 납치된 지 8일 만에 몸값으로 1800만 파운드(약 265억 원)를 지불한 후에야 파나고풀로스는 풀려났다. 파나고풀로스는 당일 새벽 아테네에서 15㎞가량 떨어진 아스프로피르고스^{Aspropyrgos} 인근 지역 주차장을 수색 중이던 경찰이 발견하여 무사히 돌아올 수 있었다.

그리스 대기업 알루밀Alumil CEO 납치

2008년 6월 9일 자정(현지 시간), 그리스에서 손꼽히는 대기업인 알루밀Alumil의 CEO이자 그리스북부산업협회장인 게오르게 밀로나스(49)George Milonas가 테살로니키Thessaloniki 북쪽에 위치한 자택 인근에서 무장한 괴한들에게 납치당했다. 피랍 당시 현장에는 그의 부인도 함께 있었으나, 밀로나스 회장만 납치하고 부인은 해치지 않았다. 이틀 후 납치범들은 부인에게 전화를 걸어와 밀로나스를 풀어 주는 대가로 5000만 유로(약 800억 원)를 요구하였다.

경찰은 테살로니키 전역에서 검문 검색을 강화하는 한편 범인들의 해외 도주를 막기 위해 인근 마케도니아, 불가리아, 알바니아 등의 국경에도 수사관을 대거 파견했다. 밀로나스의 가족들은 경찰 수사에 악영향을 주지 않기 위해 과도한 언론 보도를 자제해 줄 것을 요청하기도 했다. 결국 납치된 지 2주 만에 몸값으로 1200만 유로(약 190억 원)를 납치범들에게 주고 나서야 말로나스 CEO는 풀려날 수 있었다.

02 지인이나 사업 관계자가 주도한 사건

평소 알고 지내던 지인이 재산을 노리고 범죄자로 돌변하거나 사업으로 이해관계가 얽힌 동업자나 투자자가 금전 관계에서 생긴 문제로 범죄자로 돌변해 범행을 벌인 사례들이다. 피해자의 주변 사정을 잘 알고 있어 용이하게 범행을 시도할 수 있는 특징을 지닌 범죄 유형이다.

필리핀에서 한인 재력가 살해 암매장

2012년 8월 21일 밤, 필리핀 마닐라에서 사업가 정모 씨(41)가 납치당했다. 납치범들은 평소 피해자 정 씨와 알고 지내던 사람들이었다. 납치범 일당 5명은 정 씨를 납치한 후 마닐라에서 차량으로 2~3시간 떨어진 앙헬레스Angeles로 이동한 다음, 피해자를 살해하고 한인 밀집 지역 인근의 한 주택 뒷마당에 시신을 시멘트로 묻었다.

한국에서 선물 옵션 등에 투자하던 정 씨는 2000년대 중반부터 한국과 필리핀을 오가며 다양한 사업을 벌여왔다. 피해자 정 씨의 아버지는 1990년대 초반까지 국내 카지노 업계를 이끈 유명 호텔 카지노 사장이었다. 아버지 정 씨는 아들의 연락이 끊기자 직접 필리핀으로 가서 현지 경찰에 실종 신고를 하고 교민 사회에 수십억 원대 현상금을 내걸고 아들의 행방을 수소문한 것으로 알려졌다.

범인들은 모두 한국인으로 김모 씨(34) 등 세 명은 피해자 정씨와 서로 알고 지내던 사이였다. 이들은 현지 호텔 도박장에서 거액의 돈을 잃자 이를 만회하기 위해 정 씨를 범행 대상으로 삼고 일주일 전부터 범행을 사전에 모의하였다. 거액을 노린 이들은 범행 당일 정 씨에게 전화를 해 저녁식사 약속을 핑계로 마닐라 소재 M호텔로 유인하여 노상에서 그를 납치했다. 그러나 계획과 달리 차에 감금 중이던 정 씨가 폭행으로 사망하자 범행이 들통날 것을 우려한 이들이 급기야 시신을 유기할 장소를 찾아 암매장한 것이다.

투자 문제로 얽힌 사업가 납치

2008년 12월 12일, 건설회사 대표 최모 씨(34)의 차를 누군가가 계속 미행하고 있었다. 밤 10시경 최씨가 주유소 앞에서 잠깐 내려 통화를 하자 이들은 그 틈을 놓치지 않고 최 씨를 덮쳐 차량으로 납치하였다. 납치범들은 피해자 최 씨를 한 클럽으로 끌고 가서 다음 날까지 감금하고 폭행하면서 현금 8억 원을 요구하였다.

납치범 일당의 주범인 문모 씨(41)는 공동주택 재개발 사업권을 인수하기 위해 피해자 최 씨 회사에 계약금 등 3억 5천만 원을 투자했다. 그러나 결국 인수에 실패하자 투자금 회수를 위해 지인들과 공모해 일당 5명이 납치 행각을 벌인 것이었다.

03 전현직 직원들이 범행을 주도하거나 사주한 사건

회사의 전현직 직원이 범행을 직접 주도하거나 사주하여 청부 납치한 사례들이다. 회사 내부 사정을 잘 알고 있는 점을 악용하여 범행을 주도면밀하게 계획하고 실행에 옮긴 유형들이다.

전직 운전기사의 사장 납치 살해

2010년 2월 11일 오전 9시, 중소기업을 운영하던 이모 씨(46)가 지하 주차장에서 납치당했다. 납치범들은 주차를 하고 차에서 내리던 피해자 이 씨를 넘어뜨려 제압한 뒤 이 씨의 에쿠스 승용차에 태워 시흥시 물왕 저수지로 끌고 갔다. 납치범들은 여기서 관광버스를 빌려 대기하던 공범과 합류했다. 관광버스로 옮겨 탄 이들은 미리 물색해 둔 시화호변 공사장으로 이동하였다. 이 씨를 협박하여 현금 3억 원을 이 씨의 회사 직원을 통해 또 다른 공범에게 전달하게 했다. 돈을 건네받은 이들은 이날 밤 10시쯤 이 씨를 목 졸라 살해하였고, 증거인멸을 위해 8kg짜리 아령 2개를 시신의 목과 발에 매달아 아산만 방조제 교각 밑 평택호에 던져 유기했다.

납치 살인을 모의한 주범 김모 씨(42)는 약 1년간 피해자 이 씨의 운전기사로 일하다 해고된 전직 기사였다. 해고된 뒤 도박 빚 등으로 생활이 궁핍해지자 친형을 끌어들여 범행을 주도하였다. 친형을 통해 범행에 가담할 다른 공범을 소개받은 뒤 이 씨의 동선을 파악하면서 범행을 면밀히 준비하였고, 범행 후에는 빼앗은 현금을 들고 중국을 통해 필리핀으로 밀항할 계획까지 세워 놓고 있었다. 이들은 경찰의 검문망을 피하기 위해 45인승 관광버스를 빌리는 등 범행과 증거인멸 방법을 치밀하게 준비한 것으로 드러났다.

전직 직원이 근무하던 회사 대표 납치

2005년 8월 26일 새벽 1시, 성남시 분당구에서 귀가 중이던 금 수입업체 대표인 김모(60) 회장의 렉서스 승용차를 누군가 고의로 들이받았다. 별 생각없이 차 밖으로 나온 피해자 김 씨를 괴한 4명이 승합차로 납치했다.

납치범들은 사전에 빌려 둔 시흥시의 한 축사로 김 씨를 데려가 폭행하였고 몸값으로 50억 원을 요구했다. 협박 끝에 8억 3000만 원을 타인명의 계좌로 송금 받은 뒤 이들은 김 씨를 축사에 묶어 둔 채 그대로 달아났다. 납치범의 전화를 받은 회사 직원의 신고로 21시간 만에 피해자 김 씨는 풀려날 수 있었다.

주범인 소모 씨(43)는 해당 업체에서 근무했던 직원으로, 신용카드 대금과 사채 등으로 생긴 빚을 갚을 길이 없자 평소 알고 지내던 선후배들에게 한탕을 하자고 제안하여 범행을 모의했다. 소 씨는 범행 후 중국으로 달아났다가 다음 해 중국 공안에 체포되어 국내로 압송되었다. 경찰은 앞서 공범인 정모 씨(31) 등 3명을 구속하고 달아난 공범 4명을 수배했다.

전직 운전기사가 회장 일가 납치

2004년 11월9일 아침, 중소기업 회장 장모 씨(77) 일가가 경기도 양평군의 한 콘도 인근에 있는 나지막한 산을 산책하고 있었다. 그 때 갑자기 나타난 20~30대 괴한 여러 명이 이들 일가를 흉기로 위협하여 납치하였다. 이들은 피해자들을 미리 준비한 냉동 탑차에 옮겨 태우고 서울로 이동한 후 몸값으로 5억 원을 준비하라고 협박하였다. 협박 끝에 피해자 장 씨는 본인의 휴대전화로 아들에게 전화를 걸어 "이유는 묻지 말고 현금 5억 원을 준비하라."고 하였다.

이날 오후 서울 중구 소공동 C호텔 앞에서 장 회장과 나타난 납치범 한 명은 장 씨 아들과 회사 구매부장이 박스 세 개에 담아온 현금 5억 원을 전달받았다. 현금을 건네받고 냉동 탑차를 몰고 가던 이들은 남산 3호 터널 앞에서 검은색 그랜저 차량으로 옮겨 탄 후 장 회장 일가를 풀어 주고 강남 방향으로 도주했다.

장 회장 일가를 납치한 주범은 전직 운전기사 김모 씨(31)였다. 김 씨는 10개월 남짓 운전기사로 일하며 일주일에 3~4차례씩 장 회장의 등산을 수행하면서 장 씨 일가의 등산로를 훤히 알게 되었다.

운전기사를 그만 둔 김씨는 주식투자로 1억 원의 빚을 지고 고민하던 중 범행을 결심하였다. 그는 인터넷을 통해 "같이 일할 사람 급구", "5천만 원 보장", "관심 있으신 분 쪽지나 연락처 남겨주세요.", "멋지게 한탕" 등의 글을 수십 차례 올려 공범 모집에 나서는 대담함을 보였다. 공범 6명을 모은 뒤에는 두 차례나 현장을 사전에 답사하는 등 합숙훈련까지 하며 치밀하게 범행을 준비하였다. 경찰은 3일 만에 전직 운전기사인 김 씨를 긴급 체포하고 자백을 받아냈다. 납치범들은 범행 직후 일본으로 밀항하려고 브로커와 접촉까지 한 것으로 드러났다.

해고에 앙심 품은 실리콘밸리 직원이 CEO 등 임원을 총격 살해

2008년 11월 14일(현지 시간), 컴퓨터 엔지니어인 진후아위(47)$^{Jing Hua Wu}$는 실리콘밸리의 반도체 회사인 시포트^{SiPort}의 온라인 비즈니스 네트워크 부서에서 일했다. 2년 반 정도 컴퓨터 부품 검사 등을 담당하다 해고되었는데 이에 앙심을 품고 사무실에서 CEO와 부사장 등 임직원 3명을 총으로 쏴 살해했다.

사망한 CEO 시드 애그라왈$^{Sid Agrawal}$은 인텔^{Intel}과 어도비^{Adobe}에서 근무했으며 25년간 첨단 기술 부문에 종사한 전문가였다. 부사장 브라이언 퓨$^{Brian Pugh}$는 버클리대를 나와 스탠퍼드대에서 박사 학위를 받은 뒤 반도체 운영 부문에서 25년간 일한 반도체 전문가였다. 범인인 진후아위는 이튿날 마운틴 뷰의 한 주차장에서 경찰에 체포되었다.

04 경영권 분쟁이나 직원의 횡령이 원인인 사건

경영권과 관련하여 회사 경영진, 친족 간의 분쟁이 계획적 범죄로 이어지거나 공금횡령이 적발되자 자신의 불법행위를 덮기 위해 대담하게 범행을 사주한 사례들로서, 회사의 소유권이나 금전적 문제가 원인이 된 유형이다.

회삿돈 횡령한 경리 직원이 회사 대표 청부 납치 시도

2014년 1월 15일 낮 인천의 한 건물 지하 주차장에서 금속 제조회사 대표 이모 씨(62)가 자신의 차에 타려던 틈을 타, 신원을 알 수 없는 괴한들이 나타나 이 씨를 흉기로 찌르고 납치를 시도하였다. 이 씨는 괴한들의 흉기에 어깨, 손목 등이 찔린 채 비명을 지르며 달아나 가까스로 현장을 벗어났다. 다행히 생명에는 지장이 없었다.

경찰 수사 결과 괴한들은 이 씨의 회사 경리 직원인 최모 씨(56)의 사주를 받고 범행을 저지른 것으로 밝혀졌다. 경리 직원인 최 씨는 회사 공금 3억 원을 빼돌린 사실이 적발될 것을 우려해 동생의 선후배 2명을 동원, 회사 대표를 납치하려고 했으나 미수에 그친 것이다. 최 씨 등은 범행 후 회사 대표 소유의 공장 부지 매각금 28억 원을 가로 채 나눠 갖기로 공모하고 미리 흉기와 전자충격기를 준비하는 등 치밀하게 범행을 준비한 것으로 드러났다.

직원이 20억 뜯어내려고 회사 대표 청부 납치 시도

2009년 4월 20일, 서울 방이동의 한 아파트 주차장에서 조직폭력배 손모 씨(26)가 출근하던 김모 씨(41)를 차량으로 납치하려고 했으나 김 씨가 고함을 지르고 반항하는 바람에 미수에 그쳤다.

납치를 사주한 사람은 김 씨의 회사 직원인 황모 씨(37)였다. 황 씨는 회삿돈 1억 1000만원을 횡령한 사실이 드러나자 조직 폭력배인 손 씨를 만나 회사 대표 김 씨의 인적사항 등을 알려주면서 납치를 사주하였다.

첫 번째 납치 시도가 미수에 그치자 이번에는 장모 씨(57)에게 착수금 1150만 원을 주고 또다시 납치를 사주하였으나 장 씨가 경찰에 붙잡히면서 무산되었다. 황 씨는 대표이사를 납치해서 20억 원 정도를 뜯어낼 생각으로 범행을 준비했지만 결국 미수에 그치고 범행의 전모도 드러나게 되었다.

경영권 문제로 사장 일행 청부 납치

2007년 2월 26일 오후, 인천공항을 통해 귀국한 경기도 H골프장 사장 강모 씨(59)와 아들(24) 그리고 마중 나온 운전기사 은모 씨(24) 등은 주차장으로 이동하기 위해 횡단보도를 건너고 있었다. 그때 신원을 알 수 없는 괴한들이 갑자기 나타나 체포영장을 보여주며 강 씨 일행을 카니발 승합차에 태웠다. 이들은 강 씨 일행을 강원도 평창군의 한 펜션으로 끌고 가 감금했다.

이 사건의 이면에는 골프장 경영권을 둘러싼 친족 간의 갈등이 있었다. 강 사장 일행을 납치한 사람은 다름 아닌 그의 외삼촌인 윤모 씨(66)였다. 윤 씨는 골프장 경영권 문제로 강 씨와 갈등을 빚자 이 골프장 고문 변호사인 김모 씨(44), M&A회사 대표 정모 씨(39)와 함께 강 씨의 납치를 공모하였다. 외삼촌인 윤 씨는 주주총회 서류를 위조해 골프장을 3500억 원에 매각할 계획을 세우고 범행을 공모한 김 씨에게 300억 원, 정 씨에게 1000억 원을 주겠다고 약속하였다. 가짜 체포영장까지 준비한 이들은 범행에 나설 청부 인력을 확보한 뒤 강 씨가 일본에서 귀국하는 날을 택해 범행을 저질렀다.

납치범들은 강 씨 일행의 휴대폰과 소지품을 모두 빼앗고 수갑을 채운 채로 펜션에 감금해 두고 있었다. 이틀 뒤 식사를 위해 수갑을 풀어 주고 펜션 2층 방에 강 씨 일행만 남게 되자 감시가 소홀한 틈을 타 창문에서 뛰어내려 산길을 달려 탈출해 경찰에 신고했다. 경찰 수사로 윤 씨를 비롯한 용의자 6명이 체포되었다.

벤처기업 대표 청부 살인

2002년 2월 8일 새벽, 서울 강남구 역삼동의 한 주류백화점 앞에서 친환경 관련 벤처기업 ㈜엔비로의 대표 김모 씨(41)가 온몸을 흉기에 찔린 채 숨져 있는 것을 행인이 발견해 경찰에 신고했다.

이 회사는 음식물 찌꺼기 침출수와 고농도 축산 폐수를 하루 만에 법정 방류수 수준까지 정화하는 신기술을 세계 최초로 개발하고 수십억 원대의 투자금을 모았다. 그러나 호주 및 국내 D그룹 등과 추진하고 있던 축산 폐수 처리공장 설립 계약 건이 지지부진해지면서 회사 운영 방안을 둘러싼 내부 갈등이 생겨났다.

회사와 공동 명의로 특허권을 가지고 있던 피해자 김 씨가 2001년 12월 한국바이오 ENG라는 새로운 벤처회사를 설립하자, 특허권이 빠져나가면 회사가 문을 닫을 것을 우려한 영업차장 유모 씨(37)가 조직폭력배 두목 박모 씨(46)에게 6200만 원을 주고 김 씨의 살인을 청부하였다. 조직 폭력배 박 씨의 지시를 받은 조직원 윤모 씨(22) 등 일당 4명은 회칼로 노상에서 김 대표를 수십 차례 찔러 살해했다.

05 개인적인 원한이나 채무 관계가 원인인 사건

개인적으로 품은 원한이 범행의 동기이거나 개인 간 채무 관계가 문제가 되면서 범죄로 이어지거나, 재산을 둘러싼 여러 가지 문제가 얽히면서 범죄로 이어진 사례들이다.

유명 여배우 남편 청부 살인

2017년 8월 21일 오전, 서울 서초동의 한 법무법인 사무실에서 유명 여배우의 남편인 영화 미술감독 고모 씨(45)가 흉기에 수차례 찔려 살해됐다. 곽모 씨(38)의 사주를 받은 범인 조모 씨(28)가 저지른 청부 살인이었다. 이 사건의 중심에는 일본에 호텔과 파친코 등을 소유한 재일동포 재력가 곽 씨(99)가 있었다. 살인을 청부한 곽 씨가 재일동포 곽 씨의 친손자이고 사망한 고 씨는 그의 외손자로 서로 이종사촌지간이었다.

살인을 청부한 곽 씨가 그의 아버지와 함께 증여계약서를 위조하여 할아버지인 재일동포 곽 씨 소유의 680억 원대 국내 부동산을 빼돌린 것이 이 사건의 발단이었다. 이를 알게 된 할아버지 곽 씨는 외손자인 피해자 고 씨의 도움을 받아 곽 씨 부자를 사문서 위조 등의 혐의로 경찰에 고소했다.

친손자 곽 씨는 자신을 고소한 외손자 고 씨를 살해하기로 마음먹고 조 씨에게 살인을 해주면 "20억 원을 주겠다."고 제안했다. 또 "감옥에 들어가면 가족의 생계를 책임지고 변호사 비용까지 대겠다."고 하면서 회유했다. 그러자 살인을 결심한 조 씨는 피해자 고 씨에게 소송에 유리한 정보를 주겠다며 접근하였다. 사건 당일 서초구 변호사 사무실에서 고 씨를 만난 조 씨는 미리 준비한 회칼로 고 씨를 살해했다.

당초 곽 씨는 사망한 고씨의 매형이자 해당 소송을 담당하고 있던 변호사까지 살해할 것을 부탁했지만, 조 씨가 부담을 느껴 거절하자 변호사에게 겁을 주려는 목적으로 "변호사 앞에서 죽이라."고 지시한 것으로 드러났다. 이후 조사 과정에서 조 씨는 인터넷 포털사이트에서 "흥신소", "조선족 청부살인", "살인 도구" 등을 검색해 보기도 한 것으로 드러났다.

이 사건은 재일동포 재력가인 기업인이 직접적인 피해를 당하지는 않았지만 재산 문제로 인한 법적 다툼이 발단이었고, 불법적으로 재산을 빼앗긴 재력가 곽 씨를 돕던 외손자 고 씨가 억울하게 죽임을 당한 사건이었다.

시의원이 채무관계로 얽힌 재력가 청부 살인

2014년 3월 3일 새벽, 수천억대 재력가인 송모 씨(67)의 뒤를 누군가가 밟고 있었다. 송 씨가 서울 강서구의 한 상가 관리사무실에 들어가자 몰래 뒤따라 들어간 괴한이 둔기로 송 씨의 머리 등을 수십 차례 때려 살해했다. 계속해서 휴대전화를 받지 않자 관리사무실을 찾아간 그의 부인이 문 앞에 쓰러져 있는 송씨를 발견해 경찰에 신고했다.

용의자는 범행 후 여러 번 택시를 갈아타고 옷도 여러 번 갈아입는 등 치밀하게 준비한 흔적을 드러내며 중국으로 도피했다. 그로부터 두 달 후 용의자가 중국 공안에게 체포되어 국내로 압송되면서 범행의 전모가 드러났다. 살해 용의자인 팽모 씨(44)가 국내로 압송되던 날 경찰은 서울시의원(강서구)인 김모 씨(44)를 긴급 체포했다.

국회의원 보좌관이던 김 씨는 2000년 지인의 소개로 재력가 송 씨를 처음 만났다. 2010년 지방선거에서 김 씨는 피해자 송 씨의 거주지인 강서구에서 출마하였고 이후 약 1년 동안 송 씨에게 5억여 원을 빌리고 차용증까지 썼다. 그러나 김 씨가 돈을 갚지 않으면서 둘의 관계가 틀어지기 시작했고 2012년 말부터 송 씨의 빚 독촉이 시작되었다. 지방 선거 재선을 준비하던 김 씨는 송 씨가 "선거에 출마하지 못하게 만들겠다."라며 압박 수위를 높이자 결국 송 씨를 살해하기로 마음먹었다.

김 씨는 본인에게 7000만 원의 빚이 있던 10년 지기 친구인 팽 씨를 끌어들였고 "송 씨를 죽이고 차용증을 가져오면 빚을 탕감해주고 중국에서 가족과 편히 살게 해주겠다."고 하면서 송 씨의 살해를 사주했다. 팽 씨는 유혹을 뿌리치지 못했고, 범행 비용 1300만 원과 범행에 쓰일 손도끼, 전자충격기를 김 씨에게서 직접 제공 받았다.

이들은 완전범죄를 노리고 1년 6개월 전부터 범행을 모의했다. 피해자 송 씨와 가깝게 지내던 김 씨는 사전에 송 씨의 일정과 출·퇴근 시간, 동선 등을 시간대별로 자세히 파악한 뒤 팽 씨가 흔적을 남기지 않도록 행동지침까지 구체적으로 지시하였다. 팽 씨는 사주를 받고 1년여 간 범행 장소를 수십 차례 드나들었지만 정작 범행을 시도하지 못하고 망설였다. 그러자 김 씨가 "이번이 마지막이다. 이번에도 죽이지 못하면 더는 못 기다린다."고 압박하자 팽 씨는 이날 송 씨를 살해했다.

팽 씨는 사건 장소에 범행 도구나 옷가지, 지문 등의 흔적을 전혀 남기지 않았다. 범행 후 택시를 여러 번 갈아타고 일부러 멀리 떨어진 곳에서 내려 걸어가고, 불필요하게 길을 여러 번 건너는 등의 수법으로 경찰의 추적을 어렵게 했다. 팽 씨는 야산에서 범행에 사용한 흉기와 옷가지 등을 불태워 증거를 없앴다. 김 씨와 팽 씨는 서로 연락을 주고받을 때도 대포폰과 공중전화만 사용하는 치밀함을 보였다.

중국으로 도주했다가 검거된 팽 씨가 국내로 압송되면 범행의 전모가 드러날 것이 불안했던 김 씨가 팽 씨에게 "한국으로 오지 말고 그곳에서 죽었으면 좋겠다"고 하자 배신감을 느낀 팽 씨는 범행을 순순히 털어놓았다. 김 씨는 경찰 조사에서 범행을 부인하고 팽 씨에게 모든 책임을 떠넘겼지만 결국 재판에서 무기징역을 선고 받았다.

개인적인 앙심으로 조직원 동원하여 사업가 납치

2006년 11월 21일 오전, 광주 P호텔 사우나에서 중견 건설업체 회장 공모 씨(51)가 납치되었다. 납치를 사주한 이는 국제PJ파 부두목 조모 씨(48)로 PJ파 조직원과 서울 명동파 조직원 등 15명을 동원하여 전자충격기로 공 씨를 위협해 납치하였다. 승용차 2대에 나눠 탄 납치범들은 저항하는 공 씨의 얼굴에 보자기를 씌운 채 5시간을 넘게 감금하고 협박한 후에 풀어 주었다.

납치를 사주한 조 씨는 1993년경 건설사 사장 등에게 그림을 강매한 혐의로 오랫동안 복역한 일이 있었는데 피해자 공 씨가 자신에게 불리한 진술을 한 것에 개인적 앙심을 품고 있다가 조직원들에게 공 씨의 납치, 폭행을 지시하였다.

06 노조원들이 경영진을 납치, 감금하는 보스내핑^{Boss-napping} 사건

사측에 불만을 가진 직원들이 경영진을 납치, 감금하는 행위를 보스내핑^{Bossnapping}이라고 한다. boss^{대표}와 kidnapping^{납치}의 합성어인 보스내핑은 노조의 힘이 강한 프랑스에서는 1960년대부터 종종 일어났다. 2008년 글로벌 금융위기로 세계경제가 어려워지자 보스내핑 사건이 유행처럼 다시 번지기도 했다. 이러한 행위가 반복되는 이유는 노동자들이 협상력을 높이기 위한 하나의 방편으로 삼기 때문이며 또 그만큼 효과적이기 때문이다.

에어 프랑스^{Air France} 노조원들의 경영진 폭행

2015년 10월 5일(현지 시간), 사측의 구조조정 계획에 반발한 에어

프랑스^{Air France} 노조원 수백 명이 파리 북구 루아^{Roissy}시에 있는 에어프랑스 본사의 경영진 회의실을 급습했다. 본사 건물로 난입한 노조원들은 임원들을 폭행하고 옷을 찢었다. CEO인 프레데릭 가제^{Frédéric Gagey}는 노조원들을 피해 회의장을 떠났지만 피에르 플리소니에르^{Pierre Plissonnier} 부사장과 인사 담당 임원 자비에르 브로세타^{Xavier Broseta}는 폭행을 당했다. 이들은 자켓과 셔츠가 갈가리 찢긴 채 철조망을 넘어 겨우 도망쳐 현장을 벗어나야 했다.

굿이어타이어^{Goodyear Tire} 공장 직원들의 경영진 감금

2014년 1월 6일(현지 시간), 프랑스 북부 아미앵^{Amiens}시 굿이어타이어^{Goodyear Tire}의 공장 직원들이 회사 경영진 2명을 공장에 감금했다. 프랑스 노동총연맹(CGT) 소속인 노조원들은 노사 협상이 결렬되자 생산 감독 미셸 델리^{Michel Dheilly}와 인사 담당 감독 버나드 글레서로^{Bernard Glesser}를 억류했다. 굿이어타이어는 2007년부터 아미앵 공장 매각을 추진해 왔으나 적당한 인수자를 찾지 못해 폐쇄 수순을 밟고 있었다. 그러자 일자리가 사라질 위기에 처한 노조 측은 경영진을 붙잡고 정리 해고를 받아들이는 대신 직원들에게 8만 유로, 우리 돈으로 1억 1600만 원을 지급하고 근속 연수에 따라 2500유로를 추가로 줄 것 등을 요구하였다. 결국 경찰이 출동하였고 감금 30시간 만에 경영진을 무사히 데리고 나왔다.

07 가족이나 친족을 납치하고 협박한 사건

기업인의 가족이나 친족을 납치하여 협박한 사례들이다. 상대적으로 접근하기 쉽고 범행을 실행하기도 용이해, 보다 손쉽게 납치하여 협박하고자 하는 범죄의 유형이다.

중소기업 사장의 부인 납치 감금

2005년 5월 22일 새벽, 찜질방을 나와서 자신의 벤츠 차량을 타려던 중소기업 사장 부인인 김모 씨(59)씨를 30대 괴한들이 납치했다. 3~4명의 납치범 일당은 김씨를 인질로 잡고 가족들에게 전화를 걸어 현금 4억 원을 요구했다. 이들은 여러 번 약속 장소를 바꾸는 방법으로 경찰을 따돌렸다.

24일 새벽 1시경, 납치범들은 다시 김 씨의 아들에게 전화를 걸어 현금을 들고 대전 유성구의 한 도로로 나오도록 지시했다. 이들은 김 씨의 아들을 만나 인근 야산에 있는 약수터로 이동해 2억 원이 든 가방을 건네받은 다음 김 씨를 풀어 주고 바로 도주했다.

포뮬러 원Formula One 그룹 회장의 장모 납치

2016년 7월 22일 밤(현지 시간), 포뮬러 원Formula One 그룹 회장 버니 에클레스톤(85)Bernie Ecclestone의 장모 아파레시다 슝크(67)Aparecida Schunck가 상파울루에서 괴한들에게 납치당했다. 에클레스톤 회장은 자동차 경주 포뮬러 원(F1)을 운영하는 영국의 억만장자로, 총 재산이 24억 파운드(약 3조 5000억 원)에 달하는 부호다. 납치범들은 에클레스톤 회장에게 2800만 파운드(약 417억 원)의 몸값을 요구했다.

브라질 경찰은 전담반을 구성하고 대규모의 인원을 투입해 31일 밤 상파울루 외곽 지역에서 인질을 무사히 구출했다. 경찰은 다음 날 에클레스톤 회장의 전용 헬기 조종사였던 실바 파리아^{Silva Faria} 등 용의자 2명을 긴급 체포했다. 실바는 2014년까지 상파울루에서 에클레스톤가^家의 전용 헬기 조종사 중 한 명으로 일했고 이후에도 종종 F1 헬기를 조종했던 것으로 알려졌다.

홍콩의 유명 재벌가 손녀 납치

2015년 4월 25일 새벽(현지 시간), 괴한들이 홍콩 사이쿵^{西貢} 클리어 워터 베이^{Clear Water Bay}의 고급 주택에 침입해 홍콩 유명 의류브랜드 보시니^{Bossini}의 창업자인 뤄딩방^{罗定邦}의 손녀 뤄쥔얼(29)^{罗君儿}을 납치해갔다. 이들은 당시 집 안에 있던 2백만 홍콩 달러(약 2억 8000만 원)와 귀중품도 훔쳐갔다.

납치범 일당은 페이응오산^{飛鵝山}의 인적이 없는 동굴에 피해자를 감금하고 몸값을 요구해왔다. 처음에 4000만 홍콩 달러(약 60억 원)를 요구했으나 협상 끝에 몸값을 2800만 홍콩 달러(약 42억 원)로 낮추었다. 몸값을 챙긴 납치범들은 나흘 만에 피해자인 손녀를 풀어 주었다.

홍콩 경찰은 수백 명의 경찰력을 투입하여 마온산^{馬鞍山} 컨트리파크의 모든 통로를 봉쇄하고 헬리콥터와 해안 경비정까지 동원해 도로와 해안도 봉쇄했다. 대대적인 수색을 펼친 끝에 납치범들에게 돈을 담아서 건넨 여행 가방은 발견했지만 용의자들은 찾아내지 못 했다. 그러다 다음 달 3일 홍콩과 중국 심천深圳의 국경 근처에서 중국으로 출국하려던 용의자 1명을 체포하게 되면서 이후 나머지 5명의 용의자들도 중국에서 모두 검거하였다.

세계적 보안 전문 기업 CEO 아들 납치

2011년 4월 19일(현지 시간), 세계적 보안 전문 기업 카스퍼스키랩Kaspersky Lab의 창업자이자 CEO인 유진 카스퍼스키Eugene Kaspersky의 아들인 이반 카스퍼스키(20)Ivan Kaspersky가 출근길에 괴한들에게 납치당했다. 모스크바 국립대학교 학생이던 카스퍼스키는 그의 어머니가 운영하던 데이터 보안 전문업체 인포와치InfoWatch에서 인턴으로 근무하고 있었다.

납치범들은 이반의 몸값으로 300만 유로(약 40억 원)를 요구했다. 납치 소식을 국내외 언론이 대대적으로 보도하면서 인질에 대한 납치범들의 위협이 커지자 카스퍼스키 가족은 납치범들에게 몸값을 전달하였다. 카스퍼스키는 경찰들에 의해 무사히 구출되었다. 이후 사건에 연루된 용의자 5명이 경찰에 체포되었다. 카스퍼스키랩은 러시아의 대표 IT 기업으로 시만텍Symantec, 맥아피McAfee, 트렌드 마이크로Trend Micro에 이은 세계 4위의 보안 업체이다.

청쿵長江그룹 회장 아들 납치

1996년 5월, '아시아 최고 부자' 리카싱(68)李嘉誠 청쿵長江그룹 회장의 큰 아들인 빅터 리(32)李澤鉅가 납치되었다. 범인은 홍콩 범죄조직 두목 장쯔창(41)張子江으로 그는 리카싱 화장에게 아들의 몸값으로 20억 홍콩달러(약 2720억 원)를 요구했다. 결국 납치범에게 10억 홍콩달러(약 1360억 원)를 건네고 나서야 리카싱의 아들은 풀려날 수 있었다. 이 사건을 계기로 리카싱은 대중에게 가족을 잘 드러내지 않기 시작했다.

이 납치 사건은 지난 2013년 뒤늦게 세간에 알려졌다. 장쯔창은 홍콩과 중국 대륙에서 여러 차례에 걸쳐 살인, 방화, 폭탄테러, 납치, 절도 등 각종 흉악 범죄를 저지른 범죄조직의 두목이다. 리카싱 회장의 아들을 납치한 이듬해 9월에는 신흥지新鴻基그룹의 귀빙샹郭炳湘 회장을 납치해 6억 홍콩달러(약 820억 원)를 뜯어냈으며, 또 다른 부호 린林 모 씨도 납치한 전력이 있었던 것으로 드러났다.

아르헨티나 재벌 기업 회장 딸 납치

2003년 4월 29일(현지 시간), 대학교 수업을 마치고 귀가하던 플로렌시아 마크리(19)Florencia Macri가 괴한들에게 납치당했다. 그녀는 아르헨티나 최대 재벌 기업인 마크리Macri그룹의 회장 프랑코 마크리(73)Franco Macri의 딸이었다. 납치범들은 마크리 회장에게 딸의 몸값으로 150만 달러(약 17억 원)를 요구했다.

마크리 회장은 사건을 해결하기 위해 미국의 납치 문제 전문가들까지 고용하였다. 결국 납치된 지 6일 만에 몸값 80만 달러(약 9억 원)를 납치범들에게 건네주고 나서 플로렌시아는 부에노스아이레스Buenos Aires에서 서쪽으로 45㎞ 정도 떨어진 모레노Moreno에서 무사히 풀려났다.

플로렌시아의 이복 남매이자 현재 아르헨티나 대통령인 마우리시오 마크리Mauricio Macri도 지난 1991년 8월 부패한 경찰 출신 갱단에게 납치되었다가 몸값으로 600만 달러(약 70억 원)을 건네고 14일 만에 풀려난 적이 있다.

'카지노의 대부' 스티브 윈Steve Wynn의 딸 납치

1993년 7월 25일 밤10시(현지 시간), 라스베이거스의 설계자로 통하는 스티브 윈(51)Steve Wynn 회장의 딸인 캐빈 윈(26)Kevyn Wynn이 괴한들에게 납치당했다. 복면을 한 괴한 2명은 캐빈 윈의 집에 몰래 들어가 기다리고 있다가 윈이 들어오자 총으로 위협해 옷을 벗게 한 뒤 사진을 찍고 그녀를 납치해갔다.

납치범들은 스티브 윈에게 전화를 걸어 몸값으로 250만 달러(약 29억 원)를 요구하였다. 스티브 윈은 카지노 금고에 있던 현금 145만 달러(약 16억 원)를 납치범들에게 전달했고 공항 주차장의 차 트렁크에 갇혀 있던 캐빈 윈을 데려올 수 있었다. 이후 범인들은 캘리포니아 뉴포트 비치Newport Beach에서 현금으로 페라리를 구매하려다가 잠복하던 FBI요원들에게 체포되었다.

08 정치적인 목적을 달성하기 위한 납치 사건

정치적 목적을 달성하기 위해 영향력 있는 인물을 납치하여 자신들의 요구 조건을 들어주지 않으면 인질을 살해하겠다고 협박하는 범죄 사례이다. 주로 수감된 가족이나 조직원의 석방 협상, 정치적 선동을 위한 목적으로 자행되는 유형이다.

엑슨 모빌Exxon Mobil CEO 부부 납치

2013년 3월 7일(현지 시간), 영국인 앤디 웰스(51)Andy Wells와 그의 아내 캐럴라인(48)Caroline은 이집트 동북부 시나이반도를 여행 중이었다. 카이로에서 출발해 휴양지인 샤름 엘 셰이크Sharm el Sheikh로 향하던 중 라스 시드르Ras Sidr 지역의 현금지급기에서 돈을 찾으려고 서 있는데, 갑자기 나타난 복면 괴한들이 웰스 부부를 강제로 끌고 갔다. 앤디 웰스는 메이저 석유회사인 엑슨 모빌의 카이로 주재 CEO였다.

시나이반도 베두인족Bedouin인 괴한들은 웰스 부부를 산악 지대의 모처에 감금하고 리비아에서 무기 밀수 혐의로 수감된 친척들의 석방을 요구하며 이집트 정부, 현지 부족장 등과 협상을 벌였다. 협상 끝에 석방 약속을 받아낸 납치범들은 마침내 인질들을 풀어 주었다.

당시 시나이반도에서는 정치적인 불안을 틈타 소요 사태와 납치 사건이 끊이지 않았다. 현지 유목민이 수감 중인 가족 또는 친인척을 석방시키기 위한 협상 목적으로 외국인 관광객을 납치하는가 하면, 이슬람 무장 세력이 이집트와 이스라엘을 연결하는 가스 송유관을 파괴하는 사건이 발생하고 일부 지역의 경찰서가 공격당하는 등 치안이 크게 악화된 상황이었다.

9

chapter

변화하는 환경 요인과 예상할 수 있는 위해危害

통계청의 <2018년 사회조사 결과>를 보면 우리 사회의 전반적인 안전에 대하여 안전하다고 느끼는 사람은 20.5%인 것으로 나타났다. 그리고 우리 사회의 안전 상태를 5년 전과 비교했을 때 안전해졌다고 생각하는 사람은 27.7%였고 반대로 위험해졌다고 생각하는 사람은 29.8%로 나타났다. 2016년 조사 결과는 안전하다 13%, 안전해졌다 12%, 위험해졌다 50.1%로 나타났다. 이를 볼 때 우리 사회의 안전에 대한 인식은 대체적으로 나아진 편이다. 한편 우리 사회의 주된 불안 요인으로는 범죄 발생이 20.6%로 가장 많이 꼽혔다. 범죄 발생은 2016년에도 비슷하게 29.7%로 가장 높은 수치를 기록했다. 이처럼 범죄는 여전히 우리 사회의 불안을 가중시키는 주요 요인으로 자리하고 있다.[71]

---

71) 2018년 사회조사 결과, 통계청

01 언제든 일어날 수 있는 우발적인 사고의 위험성

앞서 사례를 든 기업인 대상의 계획적인 범행과 별개로, 일상적인 활동이나 여가 생활 중에 발생하는 우발적인 사고도 적지 않다. 이런 사고들은 대부분 외부로 알려지지 않고 넘어간다. 가벼운 사건도 있지만 때로는 심각한 피해를 불러오는 경우도 있다. 언론을 통해 일부 알려진 사례도 있고 필자가 개인적으로 알고 있는 몇몇 사례도 있다.

버진Virgin 그룹의 창업자 리처드 브랜슨Richard Branson 회장은 입지전적인 성공 신화와 괴짜 기질로 유명한 재벌이다. 2016년 8월, 그는 자신의 트위터에 얼굴에 핏자국이 남아 있는 채로 땅바닥에 누워 목 보호대를 하고 응급처치를 받는 사진을 올렸다.

당시 브랜슨 회장은 다음 달 예정된 자선 행사인 버진 스트라이브 챌린지Virgin Strive Challenge를 위해 버진 고다Virgin Gorda 섬에서 훈련을 하고 있었다. 하이킹, 사이클, 수영, 산악자전거, 하프마라톤으로 알프스 산맥을 달리는 일종의 5종 경기 이벤트였다. 훈련 중에 자전거를 타고 내리막길을 빠르게 달리다가 속도를 줄이지 못하고 도로에서 튕겨 날아가는 사고를 당한 것이다.

"정말 죽는 줄 알았다. 콘크리트 도로 쪽으로 날아가 어깨와 얼굴이 바닥에 부딪혔고 다행히 헬멧이 내 목숨을 살렸다. 자전거는 절벽 밑으로 떨어졌다."[72]

---

[72] https://www.independent.co.uk/news/people/richard-branson-cycling-crash-accident-almost-died-british-virgin-islands-a7211261.htmlhttps://www.businessinsider.com/richard-branson-bicycle-accident-2016-8

브랜스 회장은 사고 당시를 이렇게 설명했다. 그는 사고 직후 미국 마이애미로 후송되어 치료를 받았다. 얼굴, 무릎, 어깨를 다치고 인대까지 찢어지긴 했지만 다행히 그 이상의 심각한 부상은 입지 않았다.

이후 브랜슨 회장은 눈 주위에 멍과 상처가 여전한 가운데 빨대로 차를 마시는 사진을 올리면서, 다친 건 이제 잊었노라고 그다운 근황을 전하기도 했다.

국내에서도 비슷한 일이 있었다. 2012년 6월, 최재원 SK그룹 수석 부회장은 서울 한남대교 남단 인근의 한강시민공원 자전거 전용도로에서 자전거를 타고 가던 중 앞서 달리던 김모 씨(40)와 추돌했다. 이 사고로 최 부회장은 부상을 입었고 김 씨는 얼굴과 어깨 등을 다친 것으로 알려졌다.

이처럼 레포츠를 즐기던 중 불의의 사고를 겪는 경우가 많다. 1999년 8월, 푸른그룹 고故 주진규 회장은 청평에서 가족 휴가 중 수상스키를 타다가 불의의 사고로 유명을 달리하였다. 몇 년 전 한 국내 대기업 회장은 해외에서 레포츠 도중 급작스럽게 작고하는 안타까운 일을 겪기도 하였다. 그 외에도 사고나 실족失足으로 비명 횡사한 안타까운 사건이 여럿 있었다.

최근에도 그런 사고가 있었다. 2018년 10월 27일(현지 시간) 잉글랜드 프로축구 프리미어리그 레스터시티Leicester City F.C.와 웨스트햄West Ham United F.C.의 경기가 끝난 후 레스터시티 구단주가 탑승한 헬리콥터가 추락했다. 이륙한 직후 문제가 생긴 헬리콥터는 경기장 근처 야외 주차장으로 추락해 폭발했다. 이 사고로 구단주 비차이 스리바다나프라바Vichai Srivaddhanaprabha와 직원, 조종사 등 5명이 사망했다. 비차이 구단주는 태국의 최대 면세점 회사인 킹 파워 인터내셔널[The King Power International]의 창업자이자 회장으로 재산이 49억 달러(약 5조 6천억 원)에 달하는 부호였다.

그는 2010년 2부 리그에 속해 있던 레스터시티를 인수한 후 대대적인 투자를 통해 프리미어 리그로 승격시켰다. 2015~2016시즌에는 창단 132년 만에 프리미어 리그 우승컵을 들어올리기도 했다. 당시 전문가들이 분석한 레스터시티의 우승 확률은 5,000분의 1에 불과했다. 비차이 구단주는 팬들과 친밀하게 소통하고 지역의 아동 병원에도 거액을 기부하는 등 레스터시피 팬과 지역주민에게 인기가 아주 높았다. 추락 사고 후 많은 팬이 그를 추모하였다.

02 변화하는 사회 환경의 위협 요인

경찰청에 따르면 지난 2008년부터 2010년까지 2년간 17건의 청부살인 범죄가 발생했고, 2011년에는 한 해에만 14건의 청부살인 범죄가 발생했다.[73] 영화 속 이야기나 다른 나라 이야기로만 여겨지던 일이 우리 주변에서도 심심찮게 일어나고 있는 것이다. 금전을 노린 계획적인 납치 사건 또한 잊힐 만하면 등장해 우리 사회를 불안에 떨게 한다. 인터넷의 발달로 사제 총기나 사제 폭발물의 제조 방법을 손쉽게 얻을 수 있는 현실은 새로운 위협 요인이 되고 있다. 자생적 테러리스트의 특징을 나타내는 범죄, 소위 묻지마 범죄로 일컬어지는 불

---

73) <고속도로 청부살인 내막>, 일요신문 1131호, 2014. 1. 13.
　　<영화 아닌 현실 속 '청부살인' >, 뉴스포스트, 2014. 10. 25

특정 다수를 향한 범죄도 계속 증가하고 있다.

관리 사각지대에 있는 사제 총기와 폭발물

사제 총기나 사제 폭발물을 이용하는 범죄가 새로운 위협이 되고 있다. 경찰청 자료에 따르면 총기를 범행 도구로 사용하는 사건은 해마다 꾸준히 발생하고 있다.[74] 대표적으로 2016년 오패산 터널 총격 사건이 있다. 사건의 범인은 오패산 터널 인근에서 사제 총기로 지인을 살해하려다 실패하고 도주하던 중 출동한 경찰관에게 총기를 발사했다. 이 사고로 경찰관 한 명이 순직했다. 범인이 사용한 사제 총기는 나무토막과 철제 파이프로 만들어 쇠구슬 탄환을 넣고 불을 붙이면 화약이 터지면서 발사되는 형태의 총기였다. 이런 사제 총기의 위력이 실제 총 못지않은 살상력을 가지고 있다는 것을 실증했다는 점에서 충격적인 사건이었다. 범인은 체포 당시 16정이나 되는 사제 총기 및 폭발물 등을 소지하고 있었다.

2017년 6월에는 연세대학교에서 텀블러 폭탄 사건이 있었다. 연세대 김모 교수는 자신의 연구실 문 앞에 놓여있던 쇼핑백을 연구실으로 가지고 들어갔다. 쇼핑백 안에 있던 택배 박스를 여는 순간, 화약이 터지면서 김 교수는 팔과 얼굴 등에 화상을 입고 병원으로 옮겨졌다.

택배 박스 안에는 뇌관과 기폭장치, 화약 그리고 작은 나사못 수십 개가 담긴 텀블러가 들어 있어 조악하긴 하지만 폭발물의 기본적인 요소를 다 갖추고 있었다. 폭발과 함께 나사가 사방으로 튀어 인명을 살상할 수 있는 형태의 사제 폭탄이다. 이는 극단주의 테러 단체인

---

74) 경찰청, 범죄통계(2011~2017)
　　https://www.police.go.kr/portal/main/contents.do?menuNo=200529

IS$^{이슬람\ 국가}$가 테러에 사용하는 못 폭탄$^{Nail\ bomb}$이나 보스턴 마라톤 테러 때 사용된 압력솥 폭탄과 유사한 형태이다. 범인으로 밝혀진 대학원생 김모 씨는 사건 발생 12시간 만에 경찰에 체포되었다.

사제 폭발물 사건은 그 전에도 여러 번 있었다. 2011년 5월에는 서울 강남고속버스터미널과 서울역 대합실의 물품 보관함에서 잇따라 폭발이 일어나는 사건이 발생하기도 했다. 보관함에서는 부탄가스통과 전선을 연결한 형태의 사제 폭발물이 발견되었다. 2014년에는 고등학생 오모 군이 당시 종북 논란에 휩싸였던 신은미·황선의 토크 콘서트장에서 고체 연료에 불을 붙여 던져 3명이 다치는 사건이 있었다. 그리고 지난 2015년에는 중학생 이모 군이 휘발유와 부탄가스 등으로 사제 폭탄을 제조해 터트려 큰 충격을 주기도 했다.

사제 총기나 폭발물 제작 방법을 유포하는 것은 불법이지만 인터넷을 통해 누구나 정보를 쉽게 얻을 수 있는 것이 문제이다. 마음먹으면 손쉽게 구할 수 있는 공구와 재료만으로 사제 총기나 폭발물을 어렵지 않게 만들 수 있는 것이 현실이다.

외로운 늑대$^{Lone\ Wolf}$와 묻지마 범죄

외로운 늑대$^{Lone\ Wolf}$란 전문 테러 단체 조직원이 아닌 자생적 테러리스트를 의미한다. 외로운 늑대는 본래 1996년 러시아 남부 다게스탄 공화국$^{Republic\ of\ Dagestan}$ 키즐랴르^{Kizlyar}를 기습한 체첸 반군을 일컫는 말이었다. 그들은 스스로를 늑대에 비유하며 상징으로 삼았다. 그러다 1990년대 중반 미국의 극우 인종주의자 알렉스 커티스$^{Alex\ Curtis}$가 백인 우월주의자들에게 독자적 행동을 선동하면서 '외로운 늑대'라는 표현을 처음 사용하기 시작했다.

한국에 거주하면서 IS나 알카에다^{Al-Qaeda} 등의 지령을 받고 테러를 벌이는 이슬람 이민자 또는 이민 2~3세, 2015년 시리아로 밀입국해 IS에 가담한 김 군의 사례처럼, 인터넷을 통해 이슬람 극단주의에 동화돼 스스로 테러를 자행하는 형태가 자생적 테러리스트의 전형적인 유형이다. 하지만 사회에 대한 불만이나 분노로 범행을 저지르는 형태도 자생적 테러리스트, 즉 외로운 늑대의 유형으로 전문가들은 분석한다. 앞서 예를 든 오패산 터널 총격 사건이나 2003년 대구 지하철 참사, 2008년 숭례문 화재 등과 같은 사건이 대표적이다.

우리나라는 국제결혼, 이민, 귀화 등으로 인해 다문화 사회로 급속히 변하고 있다. 더불어 이념 간, 빈부 간, 세대 간, 남녀 간 등 대립과 분열을 이끄는 우리 사회의 갈등이 외로운 늑대가 자생할 수 있는 토양이 될 수 있다는 지적은 우려를 표하지 않을 수가 없다.

그리고 자신의 분노를 이기지 못하거나 병적인 폭력성에 사로잡혀서, 범행 대상에 대한 특별한 이유 없이 혹은 특정 소수 집단에 대한 혐오로 범죄를 저지르는 묻지마 범죄도 우리 사회의 공포심을 조장하고 있다. 묻지마 범죄는 범행의 동기가 명확하지 않거나 특별한 이유 없이 불특정 다수를 대상으로 벌이는 범행인데 이는 지속적으로 증가하는 추세이다. 누구든지 묻지마 범죄의 희생양이 될 수 있다. 묻지마 범죄의 61.5%가 길거리나 공공장소에서 발생한다는 것에서 알 수 있듯이, 묻지마 범죄는 때와 장소를 가리지 않는다.[75] 더군다나 이유 없이 흉기를 휘두르는 탓에 방어하기도 어려워 누구도 안전하다고 할 수 없다. 전문가들은 사회적 박탈감이나 좌절, 사회적 혐오가 폭력성

---

75) 경찰청, 한국의 이상범죄 유형 및 특성, 2016

을 띠며 표출되는 것이 묻지마 범죄의 원인이라고 지적한다. 조현병이나 망상형 정신병과 같은 정신 질환도 묻지마 범죄의 원인이 될 수 있다.

이처럼 우리 사회의 범죄 요인은 보다 다양해지고, 분노나 병적인 폭력성을 크게 표출하는 형태로 점점 변하고 있는 것이 현실이다.